職業能力基礎講習

水谷 梨恵 著

職業訓練法人H＆A

◇ 発行にあたって

　当法人では、人材育成に係る教材開発を手掛けており、本書は愛知県刈谷市にあります ARMS 株式会社（ARMS 研修センター）の新入社員研修を進行する上で使用するテキストとして編集いたしました。

　ARMS 研修センターの新入社員研修の教育プログラムでは、営業コースをはじめ、オフィスビジネスコース、機械加工コース、プレス溶接加工コース、樹脂加工コースなど全 18 種類の豊富なコースを提供しております。また、昨今の新型コロナウイルス感染拡大を受け、Zoom※でのネット受講でも使用できるように、できる限りわかりやすくまとめましたが、対面授業で使用するテキストを想定しているため、内容に不備があることもございます。その点、ご理解をいただければと思います。

　本書では新入社員研修の内容をご理解いただき、日本の将来を背負う新入社員の教育に役立てていただければ幸いです。

　最後に、本書の刊行に際して、ご多忙にもかかわらずご協力をいただいたご執筆者の方々に心から御礼申し上げます。

2021 年 3 月

職業訓練法人　H&A

※Zoom は、パソコンやスマートフォンを使って、セミナーやミーティングをオンラインで開催するために開発されたアプリです。

◇ 目次

第 1 章

ビジネスマナー

01 あなたに求められること

1．社会人としての心構え

これから始まる社会人生活。期待とともに新しい環境へ不安を抱く方もいるでしょう。
まず、みなさんが働く「会社」を理解し、社会人としての自覚を持ちましょう。

会社とは？

（1）みなさんが入社する会社という場所は、何を目的に存在する組織体なのでしょうか？

①利潤の追求　＝（　　　　　　　　　　　　　　）を上げること

②企業活動を通じての（　　　　　　　　　　　　　　　　　　　）

解答は P.154 へ

（2）会社とは、どんな場所なのでしょうか？

　会社ではいくつかの部門に業務を分掌（分担）し、それぞれの部門は与えられた役割の範囲内で業務を遂行している。

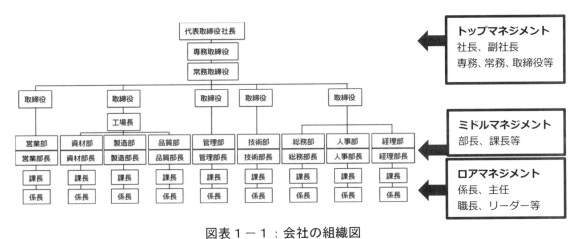

図表1－1：会社の組織図

（3）組織人としての心構え　　～7つの意識～

解答は P.154 へ

①_____意識

・顧客の期待に応える（顧客優先、迅速な行動、正確な情報、顧客満足度向上）

②_____意識

・組織の一員であることを自覚し、協働して仕事を遂行する（チームワーク）、社内規定順守

③＿＿＿＿＿＿＿＿＿意識

・常に創意工夫をして仕事を進める（より早く、正確に、安全に、安く、効率よく etc.）

④＿＿＿＿＿＿＿＿＿意識

・経費節約、備品管理、業務時間管理

⑤＿＿＿＿＿＿＿＿＿意識

・常に仕事の目的を意識する（何を、どのようにやるのかを明確に）

⑥＿＿＿＿＿＿＿＿＿意識

・仕事の期限を常に意識する（いつまでにやるのか、計画を立てて取り組む）

⑦＿＿＿＿＿＿＿＿＿意識

・機密保持（環境整備）、自己管理（健康管理、勤怠管理）

２．職場のエチケット

（１）勤務時間内は、自分の時間ではなく会社の時間
① 定刻に仕事が始められるように出勤する　注）始業時間ギリギリは、遅刻と同じ
② 率先して明るい挨拶をする
③ 前夜遅くなったことは、遅刻の理由にならない
④ 健康管理も仕事のひとつ
　　休んでしまったら、職場の仲間、お客様など周囲に迷惑がかかる。
⑤ 天候状況などで通勤に時間がかかることが予想される場合は、早めに家を出る
⑥ 電車遅延などで始業時間に遅れそうなときは、まず電話連絡で状況報告と到着予定時刻
　　を伝える
⑦ 持ち場を離れるときは、短時間でも、常に行き先を明らかにしておく
⑧ 持ち場を離れるときは、環境整備を行ってから離れる
⑨ ロッカー、給湯室、トイレ等で、大声で話をしたり、無用な長居をしない
⑩ 休暇をとるときは周囲に迷惑がかからないよう、仕事の流れをよく考え上司に相談する

（２）どんな小さなことでも、自分の責任は会社の責任
① 自分の応対（来客応対、電話応対などすべて）が会社のイメージにつながる
② 他人のミスでも会社を代表して謝る姿勢が必要
③ 自分のミスは、会社のミスと受け止められる
④ 自分の行動は、すべて会社を代表する行動と受け止められる

⑤ プライベートタイムの会話でも情報漏洩に繋がるリスクを心得る

（3）公私のけじめ、上下のけじめをつける

① オフタイムでも、上司・先輩には節度ある態度で敬意を示す

② 会社にあるものはボールペン1本でも会社の財産

③ 緊急時でも私用電話は上司の承認を得る

（4）待っていては、仕事も人もやってこない

① 何も言われなくても、自分から仕事を探す

② 指示された仕事は、積極的に「すぐやる」

③ 仕事は教えてもらうだけではなく、先輩のやり方を見て学ぶ

（5）嫌な仕事でも責任を持って行うのが企業人

① 嫌な仕事でも、最後までやり遂げる

② 面倒な仕事でも、不満を持たず、信頼し任せてもらえたことに感謝する

③ 無駄な仕事はない

3．会社の一員（企業人）として・・・

- 社会人としての心構え（7つの意識）
- 職場のエチケット
- ビジネスマナー
- 仕事の進め方
- 職場でのコミュニケーション
- 業務遂行能力（知識と技術）

夢
人生の目標
やる気

　以上のことは会社の一員として身に付けてほしい知識・能力の一部です。本書を通じて、企業人として、活躍できる方が増えてくれれば、幸いです。

MEMO

02 ビジネスマナーとは

1．ビジネスマナーを習得する意味

　ビジネスマナーとは、相手に対する思いを、表情や言葉、態度、行動で表現し続けること。

　ビジネスマナーは、年齢、性別、立場、考え方、価値観など、あらゆるものが異なる多様な人々が働くビジネスシーンにおいて、相手と支障なく、スムーズに意思疎通をはかるために必要な技術＝ビジネススキルであり、仕事を成功に導く重要な要素です。

　「マナー」と聞くと、形式的で堅苦しく、面倒で窮屈なイメージを抱く方もいるでしょう。一般社会においては、マナー＝作法やしきたり、という意味で使われることもありますが、作法やしきたりも長い年月をかけて人々が暮らしの中で培った知恵であり、自分を含めた周囲の人々が快適に毎日を過ごすための手段として定着したものなのです。

　ビジネスマナーもまた、多様な人々が働くビジネスシーンにおいて自分を含め周囲の方々が気持ちよく円滑に仕事を進めるための一種の「形」です。

　まず、その「形」を習得しましょう。
そして、なぜ行うのか？「形」の意味を知り、「心」を注いで「形」を表現しましょう。
「形」と「心」が一体となったとき、相手と良好な関係を築くことができるでしょう。

2．あなたに求められること

　企業が新入社員に求めること、それは若々しいエネルギーと意欲です。
どんなにやる気があっても、表現しなければ、相手には伝わりません。
では、どうしたらあなたのやる気を周囲の人に伝えることができるのでしょうか？

　　　　マナー　＝　相手に対する思いを表現する手法

　自ら心をひらき、相手と心の距離を近づけ、相手を認めるために「挨拶」をする。

安心して話しかけていただきたい、話をしたいから「笑顔」を心がける。

信頼していただきたい、好印象を与えたいから「身だしなみ」を整える。

あなたの気持ちを早く、深く伝えるために、「姿勢」を整え「お辞儀」をする。

相手を敬う気持ち、感謝やお詫びを正しく伝えるために「正しい言葉遣い」をする。

ルールとは、相手を不快にさせないための最低限の約束事

マナーとは、相手によい影響を与え続けること

さあ、期待に応える社員への第一歩。

あなたのやる気を伝えるために、マナーを身につけましょう。

03 第一印象の重要性

1. 第一印象とは

　人は出会った瞬間に相手の印象の良し悪しを決めてしまう傾向があります。

　最初の印象を「第一印象」といいますが、この第一印象がその後の人間関係に大きな影響を及ぼします。性格や行動、考え方や価値観までも一瞬で判断されてしまうこともあるのです。

　ビジネスにおいても、第一印象の良し悪しがその後のコミュニケーションに影響を与え、仕事を大きく左右します。

　例えば…初対面で「服装がだらしないな」という印象を与えた場合、「この人に重要な仕事を任せても大丈夫だろうか?」という危惧の念を相手に抱かせてしまいます。

　また、第一印象で作られたイメージはなかなか覆すことができません。最初の印象は、長時間経過しても失われず脳に残り、繰り返し蘇ってくると言われています。これを心理学では「初頭効果」と呼んでいます。

　すなわち、第一印象で悪しきイメージを持たれてしまうと、本当の自分を知ってもらうために多くの時間を費やさなければならないのです。

　ビジネスでのひとつひとつの出会いで「第一印象」を良くすることは、ビジネスパーソンとして成功する鍵といっても過言ではありません。

2. 第一印象のメカニズム

　出会って、最初に目に飛び込んでくるのは相手のどの部分でしょうか?

　一般的には「目→表情→髪型→服装→姿勢→足元」といった視覚的要素をはじめに捉え、次いで、「声の大小・声の高低・声の強弱・抑揚・イントネーション・言葉癖」などの聴覚的要素、最後にその人が話している内容の順といわれます。

先入印象 ➡ 外見 ➡ 態度 ➡ 話し方、声 ➡ 話の内容 ➡ 確定印象

　では、見た目の情報（視覚的要因）、音声情報（聴覚的要因）、言葉（言語的要因）の三つの要因で第一印象にどれだけ影響があると思いますか？

　以下の「あなたの予想」に書き込んでみましょう。

	あなたの予想	統計結果
◆見た目の情報（視覚的要因） 　表情・身だしなみ・姿勢・態度	_____ ％	_____ ％
◆音声情報（聴覚的要因） 　声のトーン・声の大きさ	_____ ％	_____ ％
◆言葉（言語的要因） 　話す内容	_____ ％	_____ ％

（メラビアンの法則）

統計結果の解答は P.155 へ

　良い第一印象を勝ち取るチャンスは一度だけ。印象を決める要素を技術として習得しましょう。

04　ビジネスマナー5原則

1．ビジネスマナー5原則

1．挨拶
2．表情
3．身だしなみ
4．立ち居振る舞い
5．言葉遣い

> あなたの印象＝会社の印象
> 印象を自分で管理しよう！

2．身だしなみ

身だしなみは相手のためにするもの。おしゃれは自分のためにするもの。
職場では、誰のために、どのような目的で、身を「嗜む」のでしょうか？

◆　身だしなみ3原則
① 清潔感
② 機能性
③ 調和（バランス）

ユニフォームとは直訳すると、統一の形。
職場のユニフォーム、事務服や作業着は、機能性＝仕事内容に基づいた安全性が考慮され
た職場統一の装いです。調和を乱さないよう、正しく着用しましょう。

◆身だしなみチェックリスト　　＜男性編＞

項目	チェックポイント	チェック欄
身体	職場に行く前には必ず鏡を見て、チェックしている	
	毎日入浴し、いつも清潔であるように心がけている	
	体臭のないよう努めている(消すよう努めている)	
	匂いのきつい香水は控えている	
服装	職務上の当日の汚れを除き、清潔を保っている (スーツの場合は、しみ、よごれ、シワが目立つものはNG)	
	ほころび、ボタン取れ等はない	
	ボタンやジッパーは正しく留めている(手首のボタンは必ず留める)	
	名札等は所定の位置につけている	
頭髪	清潔で、フケ、寝癖のないように注意している	
	不自然な色に染めていない	
	ビジネスにふさわしい清潔感のある髪型を保っている (サイドが耳にかかる、もみあげが長い、襟足が長い、極端に髪を立たせている、前髪が目に入る等はNG)	
手	常に清潔に保っている	
	つめは短く均一である(長さは、手のひら側からみて2ミリ以内)	
靴	安全靴のひも等は正しく締め、サイズの合ったものを着用している (スーツの場合は、黒もしくは濃茶の革製のビジネスシューズ)	
靴下	足首を覆う長さのシンプルなソックスを履いている (スーツ着用の場合は、スーツの色、靴と同系色のダークな色のビジネスソックスを履く。スポーツソックスは不可)	
顔	ひげはきれいに剃っている	
	臭気の強い食べ物を避ける、喫煙後はうがいをするなど 口臭のないよう気をつけている	
その他	結婚指輪以外のアクセサリーはすべて外している	
	ビジネスにふさわしい腕時計をしている (職務上の安全規定に抵触する場合は外す)	

◆身だしなみチェックリスト　　＜女性編＞

項目	チェックポイント	チェック欄
身体	職場に行く前には必ず鏡を見て、チェックしている	
	毎日入浴し、いつも清潔であるように心がけている	
	体臭のないよう努めている(消すよう努めている)	
	匂いのきつい香水は控えている	
服装	職務上の当日の汚れを除き、清潔を保っている (制服の場合は、しみ、よごれ、シワが目立つものはNG)	
	ほころび、ボタン取れ等はない	
	ボタンやジッパーは正しく留めている(手首のボタンは必ず留める)	
	名札等は所定の位置につけている	
頭髪	清潔で、フケ、寝癖のないように注意している	
	不自然な色に染めていない	
	長い髪やサイドの髪はすっきりとまとめている (サイドや前髪が顔周りにかかる、目に入る等はNG)	
	髪留めはダークな色のシンプルなデザインのものを使用している	
手	つめは短く均一である(長さは、手のひらからみて2ミリ以内)	
	マニキュアはつけない (つける場合は、透明、薄いピンク、薄いベージュ等違和感のない色)	
靴	安全靴のひも等は正しく締め、サイズの合ったものを着用している (事務職の場合は、黒、濃茶など制服に合ったダークな色のプレーン なパンプス。先の細いヒールや、かかとのないミュールは不可)	
靴下 ストッキング	足首を覆う長さのあるシンプルなソックスを履いている (スカートの場合は、ナチュラルカラーのストッキング)	
顔	明るく健康的なメイクをしている (ノーメイク、不健康そうに見えるメイクはNG)	
	臭気の強い食べ物を避ける、喫煙後はうがいをするなど 口臭のないよう気をつけている	
その他	結婚指輪以外のアクセサリーはすべて外している	
	ビジネスにふさわしい腕時計をしている (職務上の安全規定に抵触する場合は外す)	

3．挨拶

挨拶は、相手に対する気持ちを「言葉」「動作」「表情」で心を込めて示すこと。

挨拶 ＝ 笑顔（アイコンタクト） ＋ 言葉 ＋ お辞儀 ＋ 笑顔（アイコンタクト）

（1）挨拶と返事

挨拶という言葉には、心を開き、相手に迫るという意味が込められています。

人から言われるのではなく、自ら進んで「挨拶」と「返事」をしましょう。

ポイント ①挨拶と返事は自ら進んで＿＿＿＿＿＿＿＿＿
②笑顔で、相手の目を見て（アイコンタクト）
③明るく、ハッキリと

解答は P.155 へ

（2）表情

笑顔は言葉がなくても、自分の気持ちを「早く」「強く」「深く」相手に伝えます。

相手の目をみて、相手によい印象を与え、相手の気持ちに寄り添う表情を届けましょう。

　　　〜笑顔は笑顔を呼びます。いつも笑顔を発信しましょう！〜

（3）お辞儀

角度の違いによって、3種類のお辞儀があります。

状況や場面によって、使いわけをしましょう。

ポイント ①先言後礼（せんげんごれい）
②素早く上体を折る、一旦とめて、ゆっくり上体を起こす
③顔をあげたら、笑顔でアイコンタクト

会釈	敬礼	最敬礼
腰から15度上体を折る つま先から3m先をみる	腰から30度上体を折る つま先から2m先をみる	腰から45度上体を折る つま先から1m先をみる

失礼いたします おつかれさまです	いらっしゃいませ よろしくお願いいたします	ありがとうございます 申し訳ございません など

（4）職場での挨拶

職場のあらゆるシーンで、気持ちのよい挨拶を心がけましょう！

挨拶 ＝ 笑顔（アイコンタクト） ＋ 言葉 ＋ お辞儀 ＋ 笑顔（アイコンタクト）

出社時

率先して朝の挨拶　　　「おはようございます」

電車遅延などで始業時間に遅れそうなときは、まず電話連絡で状況報告と到着予定時刻を伝える。

「おはようございます。○○です。

　申し訳ございません。電車が遅延しており○○分ほど遅れそうです。

　○時○分には到着できると思います。

　ご迷惑をおかけしますが、よろしくお願いいたします。」

就業中

職場内での挨拶

お客様など社外の人には　　　「いらっしゃいませ」「こんにちは」

上司・同僚など社内の人には　　　「おつかれさまです」

仕事の指示を受けたら　　　「かしこまりました」「承知しました」

上司や先輩に話しかけるとき

「失礼いたします。○○さん、今よろしいでしょうか?」

持ち場を離れるときは、短時間でも、常に行き先を明らかにしておく

「○○へ行ってまいります。○分ほどで戻ります。」

事務室、会議室などの入退室時

入室時はノックをしたあとや入室前に挨拶をしてから入りましょう。また退室時は室内に向き直って挨拶をしてから出ましょう。

「失礼いたします」

退勤時

上司・先輩がまだ仕事をしていたら、気遣いの言葉をかける

「何かお手伝いできることはありますか」

先に退勤するときは　　　「お先に失礼いたします」

４．立ち居振る舞い

（１）立ち方

- ・　背すじを伸ばしてまっすぐ立つ
- ・　重心バランスをとる
- ・　肩を開いて胸を張る
- ・　ひざ、かかとをつけてつま先をややV字に開く
- ・　あごをひき、視線はまっすぐ前を見る

（２）歩き方

- ・　基本の立ち姿勢をとる
- ・　腰から押し出すように、上体はまっすぐにしたまま足を出す
- ・　一本の直線を挟むようなイメージで足を出す
- ・　視線は先の方を見るつもりで水平に保つ

（３）座り方

- ・　椅子の半分から2/3位の位置に腰を落とす
- ・　姿勢を伸ばして、あごをひき、顔は正面
- ・　両足は垂直におろし、つま先を揃える
- ・　手は少し丸みを持たせて組み、ひざの上に置く
  　　（女性は左右の手を軽く合わせて腿の上に置く）

（４）正対

- ・　おへそとつま先を相手に向ける
- ・　腰から上だけをひねって相手に向けるのではなく、常に体ごと向ける

（５）傾聴姿勢

- ・　話し手の方へ上体を少し倒す

（６）物の渡し方

- ・　原則として両手で渡す（小さい物は片手で持ち、もう一方の手を添える）
- ・　相手が取りやすい位置に差し出す
- ・　相手が見やすい向き、使いやすい向きを考える
- ・　「・・・でございます」等の一言を添える

（７）物・方向の指し示し方

- ・　指先を揃え、手のひらを相手（物）に向ける（指は閉じる）
- ・　右側は右手、左側は左手で示す
- ・　相手の目→方向→相手の目、の順で視線を向けながら指し示す

（８）物の拾い方

- ・　背筋をまっすぐにし、ひざを曲げてさっと腰を落とす
  　　（上体だけ曲げて拾わない）
- ・　斜め後ろから拾う

５．言葉遣い　〜正しい敬語〜

　社会にはあらゆる世代の方、様々な立場の方がいます。相手を敬う気持ちを敬語という手段を通じて表現し、よりよい人間関係を保って仕事を進めましょう。敬語を使いこなすために毎日意識して敬語を使い、習慣化させましょう。

◆敬語は、「尊敬語」「謙譲語」「丁寧語」の３種類に分けられます。

尊敬語

相手の動作、状態、持ち物、第三者等を高めて敬意を表す言葉

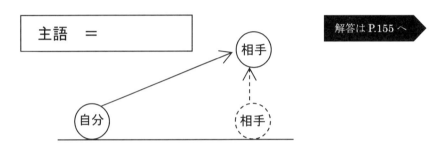

解答は P.155 へ

謙譲語

自分（あるいは身内や自社の人）が謙（へりくだ）ることによって、敬意を表す言葉

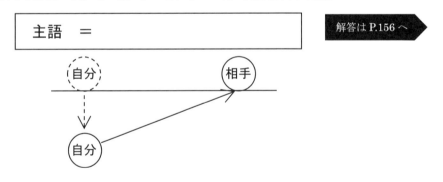

解答は P.156 へ

丁寧語

言葉遣いを丁寧にすることによって、敬意を表す言葉

尊敬語

相手の動作、状態、持ち物、第三者等を高めて敬意を表す言葉

主語 ＝ 相手

敬意の高さ	作り方のパターン	表現例	
第1位	敬語動詞	（行く→）	いらっしゃる
		（言う→）	おっしゃる
第2位	お（ご）〜になる 　　　〜なさる	（聞く→）	お聞きになる
		（出発する→）	ご出発なさる
	お（ご）〜くださる	（読む→）	お読みくださる
		（検討する→）	ご検討くださる
第3位	〜れる 〜られる	（行く→）	行かれる
		（来る→）	来られる

注意する表現

■二重敬語

作り方のパターンを重複して使わない

例）× お客様がおっしゃられる

　　　敬語動詞「おっしゃる」はそれだけで尊敬語であり、「られる」は不要

　　○ お客様がおっしゃる

■過剰敬語

動詞が続くときは、最後の動詞を敬語表現にする

例）× 飛行機にお乗りになっていらっしゃった

　　○ 飛行機に乗っていらっしゃった

■身内、自社の人に対して尊敬語を使わない

身内、自社の人は自分ととらえて謙譲語で話す

例）× 父がよろしくとおっしゃっていました

　　○ 父がよろしくと申しておりました

　　× 鈴木課長はただいま出かけていらっしゃいます

　　○ 鈴木はただいま出かけております

謙譲語

自分（あるいは身内や自社の人）が 謙(へりくだ)ることによって、敬意を表す言葉

主語　＝　自分（あるいは身内や自社の人）

敬意の高さ	作り方のパターン	表現例
第1位	敬語動詞	（行く→）　　　伺う、参る （言う→）　　　申す、申し上げる
第2位	お（ご）〜する 　　　　〜いたす	（持つ→）　　　お持ちする （案内する→）　ご案内いたす
第2位	お（ご）〜申す 〜申し上げる	（話す→）　　　お話し申す （連絡する→）　ご連絡申し上げる
第3位	〜させていただく	（読む→）　　　読ませていただく （説明する→）　説明させていただく

注意する表現

■二重敬語

作り方のパターンを混在して使わない

例）　　×　私がご説明させていただきます。

　　　　　　「ご」をつけるなら、語尾は「いたす」

　　　　　　「させていただく」を語尾にするなら、「ご」は不要

　　　　○　私がご説明いたします。

　　　　○　私が説明させていただきます。

■相手の動作に対して、謙譲語を使わない

例）　　×　お客様が申しました

　　　　○　お客様がおっしゃいました

　　　　×　お客様が参りました

　　　　○　お客様がいらっしゃいました

　　　　×　ご遠慮なくいただいてください

　　　　○　ご遠慮なく召し上がってください

　　　　×　こちらの型番で結構ですか

　　　　○　こちらの型番でよろしいですか

丁寧語

言葉遣いを丁寧にすることによって、敬意を表す言葉

◆助動詞

状態	パターン	表現例
常体 （丁寧でない通常の状態）	〜だ	これは本だ
	〜である	これは本である
敬体 （敬意を表した状態）	〜です	これは本です 鈴木です 左様(さよう)です
	〜ます	あります 旅行します 買ってきます
最敬体 （最も敬意を表した状態）	〜ございます	こちらは本でございます 鈴木でございます 左様(さよう)でございます

◆接頭語

パターン	表現例
お ＋ 和語	お花、お暑い、お天気、お知らせ、お気持ち
ご ＋ 漢語	ご近所、ご本、ご説明、ご報告

注意する表現

お・ご をつけない名詞

1. 外来語　　　　　　　　ビール、テレビ、コップ、テキスト
2. 社会的な言葉　　　　　会社、新聞
3. 公共の施設　　　　　　学校、病院、電車

◆言葉の言い換え

パターン	表現例	
指示名詞	（あっち、こっち→）	あちら、こちら
その他	（ちょっと→）	少々
	（今→）	ただいま
	（今日→）	ほんじつ
	明日(あす→)	みょうにち
	明後日(あさって→)	みょうごにち

６．好感をもたれる話し方

　相手に何かを依頼するときや、やむを得ずお断りをするときなど、ストレートに伝えるとマイナスの印象を与える場合があります。一言添えたり、言い回しを変えたり工夫をすることで、相手に好感を与え、円滑に会話を進めていくことができます。

◆クッション言葉

　クッション言葉は衝撃を和らげる緩和材（クッション）の働きをします。状況に応じて、気持ちの伝わるクッション言葉を使い、言葉という手段を通じて心遣いをしましょう。

例）「お待ちください」　　→「恐れ入りますが、少々お待ちください」

～　まずは、３つの基本ワードを習得しましょう！　～
恐れ入りますが　　　　失礼ですが　　申し訳ございませんが

～　状況に応じて使えるよう、言葉のレパートリーを増やしましょう！　～

- ・恐縮ですが
- ・お手数ですが
- ・お差し支えなければ
- ・よろしければ
- ・あいにく
- ・ご足労ですが
- ・ご面倒ですが
- ・大変勝手ながら

◆依頼形

　「〜してください」という表現は、命令調で事務的な印象を与えます。文末を依頼形にしましょう。「〜していただけますでしょうか？」と変えることで、相手が YES、NO の答えを選択することができます。言葉という手段を通じて相手の気持ちを尊重しましょう。

例）「お待ちください」　　→「（恐れ入りますが）少々お待ちいただけますでしょうか」

◆肯定形（婉曲表現）

　ご要望に添えない場合や、お断りせざるを得ない場合、「できません」「ありません」など否定的な表現を使うと、突き放したような不親切な印象を与えます。可能な限り、肯定形に変換し、マイナスイメージを最小限に留めましょう。

| わかりません | → | わかりかねます |
| できません | → | いたしかねます |

例）「私はわかりません」→「（申し訳ございませんが）私ではわかりかねます」

7．好感をもたれる話し方　〜便利な話法〜

クッション言葉や依頼形、肯定形を使った便利な話法を覚えましょう。

相手に何か言いにくいことを伝えたり、お願いしたりするとき
クッション言葉＋依頼形

例）好ましくない表現「お待ちください」

解答は P.156 へ

クッション言葉　　　　　　　　　　　　　　　　　**依頼形**

	＋	

相手のリクエスト（ご要望）にそえないとき
3STEP話法　　　　お詫び＋状況説明＋提案

例）好ましくない表現「佐藤は席にいません」

STEP1　お詫び

STEP2　状況説明（肯定形）

STEP3　提案（もしくは相手の意向）

気をつけたい**誤表現**　〜ファミコン言葉〜

「〜の方」
- ○　北の方にお進みください。左手の方にございます。
- ×　お電話番号の方をお願いいたします。
  →お電話番号をお願いいたします。

「〜の形」
- ○　四角い形の箱。
- ×　お荷物はこちらでお預かりするという形です。
  →お荷物はこちらでお預かりいたします。

「〜になります」
- ○　時刻はまもなく正午になります。おたまじゃくしが蛙になります。
- ×　こちらが報告書になります。
  →こちらが報告書でございます。

「よろしかったでしょうか」
- ×　会議は午前 10 時開始でよろしかったでしょうか。
  →会議は午前 10 時開始でよろしいでしょうか。

8．言葉遣い（練習問題１）

用語	敬語		
	尊敬語	謙譲語	丁寧語
いる			
する			
行く			
来る			
言う			
見る			
聞く （聴く）			
食べる			

解答は P.150 へ

9．言葉遣い（練習問題２）

用語	敬語（ビジネスにふさわしい言葉）
わたし、ぼく	
わたしの会社	
来客に対しての呼びかけ	
男の人、女の人	
年寄りの人、老人	
きょう	
あした	
あさって	
きのう	
おととい	
わかりました	
そうです	
こっち、そっち、あっち、どっち これ、それ、あれ、それ、どれ	

解答は P.151 へ ▶

１０．言葉遣い（練習問題３）

用語	敬語（ビジネスにふさわしい言葉）
どうしましょうか？	
～してくれませんか？	
できません	
ありません	
あなたは誰ですか？	
～さんですか？	
何の用ですか？	
ちょっと待ってください	
今、席にいません	
言っておきます	
もう一度言ってください	

解答は P.152 へ

１１．言葉遣い（練習問題４）

＜上司・先輩に対して＞

①すみません、いま忙しいので後にしてください。

②机の上のメモ、見てくれましたか？

③これでどうですか？

④（呼ばれたときに）えっ、なんですか。

⑤そのことなら、私が知っています。

⑥わかりました。案内します。

⑦（課長に）部長が来るように言っていました。

⑧（部長に）課長は、３時頃出かけると言っていました。

⑨ねえ、これ教えて。

⑩（部長に）これを渡すように、課長が言っていました。

解答は P.153 へ

１２．好感を持たれる話し方　〜発声・滑舌〜

　「高すぎる声」「低すぎる声」「荒々しすぎる声」「弱々しい声」は、相手にマイナスイメージを与えます。はっきりとした感じの良い発声と発音は社会人としての基本です。

発声練習

鏡に自分の顔を映して、顔全体がくしゃくしゃになるくらい動かしましょう。
毎日 10 回ほど繰り返してみましょう。表情トレーニングにもつながります。

ア	⇒	口を大きく開く。顎のちょうつがいが痛くなるほどに。
イ	⇒	思いっきり口を横に広げる。目が開かなくなるくらいに。
ウ	⇒	思いっきり口をすぼめる。
エ	⇒	口を横に開く。ただし、少し顎をさげて。
オ	⇒	「ウ」より顎を引くように口をすぼめて。

　以下の言葉をア⇒エ⇒イ⇒ウ⇒エ⇒オ⇒ア⇒オ⇒カ⇒ケ⇒キ⇒ク⇒ケ…の順番に発声してみましょう。

ア	エ	イ	ウ	エ	オ	ア	オ
カ	ケ	キ	ク	ケ	コ	カ	コ
サ	セ	シ	ス	セ	ソ	サ	ソ
タ	テ	チ	ツ	テ	ト	タ	ト
ナ	ネ	ニ	ヌ	ネ	ノ	ナ	ノ
ハ	ヘ	ヒ	フ	ヘ	ホ	ハ	ホ
マ	メ	ミ	ム	メ	モ	マ	モ
ヤ	エ	イ	ユ	エ	ヨ	ヤ	ヨ
ラ	レ	リ	ル	レ	ロ	ラ	ロ
ワ	エ	イ	ウ	エ	ヲ	ワ	ヲ

早口言葉

口の開きを意識しながら、滑舌のトレーニングをしてみましょう。

鵜が鮎を追い合う

青巻紙、赤巻紙、長巻紙、黄巻紙、紙巻紙

お綾や、お母上に、お騒がせしてすみませんとお謝り

高崎の先の北高崎

鴨が米かむ、小鴨が小米かむ

この竹垣に竹立てかけたのは、竹立てかけたかったから竹立てかけた

05 名刺交換

1．名刺とは

　名刺は紙のカード状のビジネスツールですが、今やビジネスコミュニケーションのスタートに不可欠といっていいほど広く活用されているツールです。

　正しいマナーで名刺交換を実践し、相手を敬う気持ちや親愛の気持ちを表現しましょう。

名刺は		である

大切に、丁重に取り扱いましょう！

解答は P.157 へ

2．名刺交換の順序

位の高い方が、先に「知る」権利がある

・目下の者、または訪問者が先に名刺を出す。
・自分が後から出すときは、「申し遅れました」と一言添える。

3．名刺の出し方

・名刺入れから名刺を取り出し、胸の前で持つ。
・相手が受け取りやすいように、胸の高さで、社名と名前を名乗りながら両手で差し出す。

「わたくし○○株式会社の○○と申します。よろしくお願いいたします。」

> 汚れた名刺、折れた名刺は相手に失礼。名刺を切らしたなどというのも論外。
> 相手に会う前に必ず名刺入れを確認し、きれいな名刺を常に10枚以上は携帯しましょう。

４．名刺の受け取り方

・相手の目を見て 「頂戴いたします」 と一言添えながら、両手で受け取る。
・いただいた名刺を自分の名刺入れの上におき、胸より高い位置に保つ。
　（※名刺入れがない場合は、左の手のひらにのせ、右手を添える。）
・相手の顔と名刺を見合わせながら社名と名前を復唱する。

「〇〇会社の〇〇様でいらっしゃいますね。こちらこそよろしくお願いたします。」

・名刺が胸より低い位置にならないよう配慮しお辞儀をする。

５．同時交換

　一般的には、互いに名乗りあった後に名刺を同時に交換することが多いです。迅速かつ丁寧にテキパキと交換できるよう、練習しておきましょう。

①互いに名刺を取り出し、名乗る。
②互いに自分の名刺を右手で相手の胸元に差し出す。
③差し出すと同時に相手の名刺を左手（もしくは左手に持っている名刺入れの上）で受け取り、すぐに右手を添える。
④互いに相手の名前を確認し、復唱する。

> 名刺交換の後は、会話を交わし交流を深めましょう！

６．いただいた名刺の扱い方

◆面談中の名刺の置き方
①テーブルの上の落ちないところに置く。
②相手が複数名の場合は、座っている席順に並べて置く。　　名前と顔を覚える！
③面談終了までテーブルの上に置いておく。
※面談が長くなり、書類などに紛れてしまう危険性がある場合は、途中でしまう。

◆面談終了後の名刺のしまい方
①「頂戴いたします」と一言添え、座ったまま軽く会釈して名刺入れに収める。
②名刺入れを持っていない場合は、そっと丁重にかばんの中に収める。

相手の目の前で、名刺入れ以外のものに名刺を収めるのは大変失礼です。
手帳、財布、定期入れなどで代用するのはやめましょう。

７．名刺の保管と廃棄

・受け取った名刺は、当日中にファイル等に入れて保管する。
・名刺交換した日付や相手の特徴を記録する等、相手を覚えるための工夫をする。
・保管方法は、後で閲覧しやすいように工夫をする。
・不要になった名刺を廃棄するときは、シュレッダーする等、個人情報漏洩に気を付ける。

８．名刺のＮＧ行為

・テーブル越し、座ったままの名刺交換。
・名乗らずに渡す、相手から見て、文字が逆さ向きの状態で差し出す。
・相手の名刺を片手で持ったり、腕を下げた状態で持ったり、折ったりする。
・相手の目の前で名刺に何か書き込む。

06 電話応対

1．ビジネス電話の心構え

第一声が会社の第一印象

電話は重要なビジネスコミュニケーションツールのひとつです。

また電話というツールの最大のメリットは即時性のある双方向のやりとりができることです。デメリットは、顔が見えず、記録が残らないことです。

電話というツールを最大限に活かすにはどのような応対をすればよいのでしょうか。

電話の特性を理解し、迅速、正確で丁寧な応対スキルを身につけましょう。

特徴	心構え
会社の代表	感じよく、正しく、丁寧に
経費がかかる	早く、簡潔に
記録が残らない	メモを取り、確実に

2．ビジネス電話の特性

メリット
- ・早く情報を伝達できる（短時間で詳しい情報伝達ができる）
- ・双方向のやりとりができる（質疑応答がその場でできる）
- ・出向く時間と経費が節約できる

デメリット
- ・相手の状況がわからない（相手の状況を気にかける必要がある）
- ・言葉や声の印象だけで判断されてしまう
- ・電話代がかかる
- ・記録が残らない
- ・聞き間違いがある

3．ビジネス電話の基本

1　明るい声でハッキリと
　・声が暗い、ボソボソとした話し方、早口は悪いイメージを与える
　・話し言葉を使い、まわりくどい表現、誤解の生じやすい表現や言葉を避ける

2　礼儀正しい態度を心がける
　・態度（姿勢）は、声の表情に表れる（肘をついたまま話さないなど）

3　相手に敬意をはらって、丁寧に話す
　・正しい言葉遣い、適切な敬語を使う

4　メモを取る習慣を身につける
　・ベルが鳴ったら、利き手の逆側で受話器、利き手にペンを持つ

5　「もしもし」は使わない
　・会社の代表として、統一の名乗りをする

6　用件は必ず、復唱確認
　・会社名、お名前、電話番号、伝言内容等復唱確認をする

7　責任の所在を明確にする
　・自分の名前、部署名を名乗る

8　取り次ぐ相手が不在のときは、3ステップで対応する
　・お詫び、状況説明、提案

9　自分で判断できない用件は、憶測で返答しない
　・担当者へつなぐ
　・一旦切って確認し、折り返し連絡をする　等

10　相手を長く待たせない
　・保留は30秒程度まで
　・長くなるときは、途中報告や折り返し提案

4．話す技術

発　声

① 口を大きく開いて滑舌よく話す

② 明るいトーンで話す

③ 丁度よい声量を見つける

④ 相手が聞き取れるスピードを意識し、理解度を考え、話す速度に気をつける

⑤ 相手の理解度を考え、「間（ポーズ）」を入れる

⑥ 大切なところは「強調（プロミネンス）」する

⑦ 気持ちを込めて一本調子にならないよう、メリハリ・抑揚をつける

⑧ 語尾は、伸ばさない・上げない・途中で切らない

態　度

① 背すじを伸ばして、顔をあげる

② 笑顔で"笑声（えごえ）"

③ ＿＿＿＿＿手に受話器、＿＿＿＿＿手にペン

解答はP.157へ

表現力

① 適切な言葉遣いで話す

② 専門用語、略語、横文字の乱用を避ける（誰にでも理解できる言葉で話す）

③ 言葉癖に気をつける

④ 結論を先に伝え、一文は短く簡潔に話す

⑤ 曖昧表現は避け、文章は必ず「。」で完結させる

5．聴く技術

聴き上手は話し上手。相手の話を積極的に聴きましょう。

① 誠意を持って聴く	⇒	正しい姿勢、笑声
② 真剣な関心を示す	⇒	相づち、返事、うなずき、お礼
③ 話の腰を折らない	⇒	質問は相手が話し終わってから
④ 復唱確認	⇒	聴いたことを言葉にして確認する

６．受け方の基本／名指し人が在席の場合

解答は P.157 へ

①受話器を取る

ベルが鳴ったら＿＿＿＿コール以内に出る

＿＿＿＿手に受話器、　＿＿＿＿手にペン

②名乗る

「はい

＿＿＿＿＿＿＿＿＿＿＿＿＿＿＿＿＿＿の

　　　　（会社名）

＿＿＿＿＿＿＿＿＿でございます。」

　　（名前）

注）午前 10 時 30 分頃迄「おはようございます。」

　　３コール以上鳴ったら「お待たせいたしました。」

　　５コール以上鳴ったら「大変お待たせいたしました。」

③相手を確認する

「○○会社の○○様でいらっしゃいますね。

　　　　　　　　いつもお世話になっております。」

注１）名乗らなかった場合

　　「失礼ですが、どちら様でいらっしゃいますか？」

注２）会社名しか名乗らなかった場合

　　「失礼ですが、○○会社のどちら様か

　　　　お名前を伺ってもよろしいでしょうか？」

④名指し人を確認する

「○○でございますね、少々お待ちくださいませ。」

注）保留は 30 秒程度が限度

　　それ以上かかる場合は途中報告や折り返しの提案をする。

⑤取り次ぐ

「○○さん、○○会社の○○様からお電話です。」

名指し人が不在の場合は次項へ

7. 受け方の基本／名指し人が不在の場合

| ⑤受話器をとり 不在のお詫びをする | 「大変お待たせいたしました。 申し訳ございません。」 |

| ⑥情報提供をする |

「○○は、あいにく■■しております。」

離席中	席を外しております。
電話中	他の電話に出ております。
外出中	外出いたしております。
	○時頃の戻り予定です。
出張中	出張いたしております。
	○月○日○曜日の戻り予定です。
休暇中	終日不在にいたしております。
	次回○月○日○曜日の出社予定です。
会議中	席を外しております。
	○時頃、席に戻る予定です。

| ⑦提案をする |

「戻りましたら、お電話いたしましょうか。」

注）積極的な提案を心がける

　　「いかがいたしましょうか。」**(相手の意向)**

注）どのように提案したらよいかわからないときは
　　相手の意向を尋ねる

| ⑧用件・内容の確認 電話番号の復唱 |

「○○は存じていると思いますが、念のために
　　　　　　　　お電話番号を伺えますでしょうか。」

※電話番号は必ず確認する

「お電話番号・・・・・・、
　　　　　○○会社の○○様でいらっしゃいますね。」

注）伝言を受けた場合は、メモをとった内容を復唱確認する

「復唱いたします。…ということでよろしいでしょうか。」

| ⑨名乗る |

「私、○○が確かに承りました。」**(責任の所在)**

| ⑩終わりの挨拶をする |

「失礼いたします。」

| ⑪受話器を置く |

相手が切ったことを確認し、指で静かにフックを押す
完全に切れたら、受話器を置く

伝言メモを作成し、責任を持って名指し人に伝える。

8．かけ方の基本

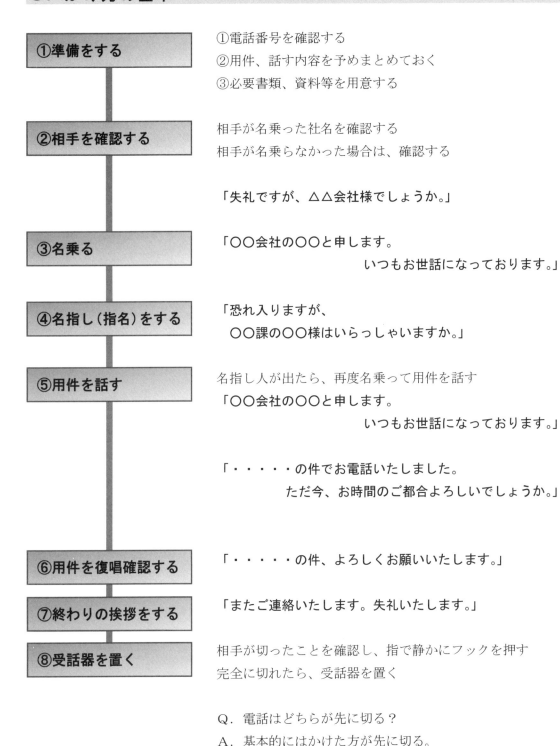

①準備をする

①電話番号を確認する
②用件、話す内容を予めまとめておく
③必要書類、資料等を用意する

②相手を確認する

相手が名乗った社名を確認する
相手が名乗らなかった場合は、確認する

「失礼ですが、△△会社様でしょうか。」

③名乗る

「○○会社の○○と申します。
　　　　　　　　　いつもお世話になっております。」

④名指し（指名）をする

「恐れ入りますが、
　○○課の○○様はいらっしゃいますか。」

⑤用件を話す

名指し人が出たら、再度名乗って用件を話す
「○○会社の○○と申します。
　　　　　　　　　いつもお世話になっております。」

「・・・・・の件でお電話いたしました。
　　　　　ただ今、お時間のご都合よろしいでしょうか。」

⑥用件を復唱確認する

「・・・・・の件、よろしくお願いいたします。」

⑦終わりの挨拶をする

「またご連絡いたします。失礼いたします。」

⑧受話器を置く

相手が切ったことを確認し、指で静かにフックを押す
完全に切れたら、受話器を置く

Q．電話はどちらが先に切る？
A．基本的にはかけた方が先に切る。
ただし、相手がお客様や目上の方の場合には、先方が切った
ことを確認してから切ることが望ましい。

■名指し人が不在だった場合

　①再度こちらからかけ直す

　「それでは後ほど改めてこちらからお電話いたします。」

　②折り返しのお電話を依頼する

　「恐れ入りますが、折り返しお電話いただけますでしょうか。」

　③伝言依頼をする

　「お手数ですが、伝言をお願いしてもよろしいでしょうか。」

注）①〜③いずれの場合も必ず先方の名前を尋ね、メモをする。

9．アポイントメントの取り方

①訪問の目的を簡潔に伝える

　「〜の件でお打合せに伺いたく、お電話いたしました。」

　「〜の件でご挨拶に伺いたく、お電話いたしました。」

②同行者の有無や所要時間を伝える

　「△△と私の２名で参ります。

　　お打合せ時間は１時間程度を予定しております。」

③相手の都合を優先して、予定を確認する

　「今週でしたら、いつ頃がご都合よろしいでしょうか？」

　「○○様の今週のご都合はいかがでしょうか？」

④約束いただいた日時を復唱する

　「それでは、○月△日、□曜日の午前（午後）○時に伺います。

　　よろしくお願いいたします。」

⑤約束いただいたことに感謝の言葉を添える

　「お忙しい中、時間をいただきありがとうございます。」

１０．伝言メモ

伝言の受け方

（１）５Ｗ３Ｈで要点を正確にメモする

（２）用件は必ず復唱する

（３）伝言内容があいまいなときは、繰り返し確認する

（４）自分の名前を名乗り、責任の所在を明らかにする

５Ｗ３Ｈ

When	いつ（日時、期限）	How much	いくら（料金、予算）
Where	どこで（場所）	How many	どのくらい（数量）
Who	誰が（担当者）	How to	どのように（手段、方法）
What	何を（目的、用件）		
Why	なぜ（理由）		

伝言の伝え方

（１）要点をまとめて正確に（結論から先に述べる）

（２）「どちら様から（相手）→どなたへ（宛先）」を明確にする

（３）わかり易い表現を用いる

　　　・件名を入れる

　　　・箇条書きにする

（４）伝言の相手が確実にメモを見るまで、責任をもってフォローする

（５）伝言がなくても、「電話があったこと」は必ず伝える

メモ構成の例

① 名指し人の名前（宛先）

② 自分の名前（電話を受けた担当者）

③ 日付と時間

④ 相手の会社名、部署名、名前

⑤ 用件

　　伝言内容、相手の電話番号　等

①＿＿＿＿＿＿様

　　　　　②＿＿＿＿＿受

③＿月＿日（　）　時　分

④＿＿＿＿会社　＿＿様より

⑤用件

MEMO

07 第1章ふりかえり

□　この章で理解できたこと・気づいたこと

□　この章の内容で難しかったこと・まだ理解が不十分と思われること

□　この章の学びをふまえて、明日以降に心がけること

第 2 章

仕事の進め方

01 仕事の進め方

1. 仕事の流れと仕事を円滑に進めるために必要なスキル

　仕事を円滑に進めるためには、ビジネスマナーや仕事の進め方等の基本スキルが必要です。社内外の様々な人たちと協力し、お客様と良い関係を築きながら、期待される仕事をやり遂げるために、基本スキルを身につけましょう。

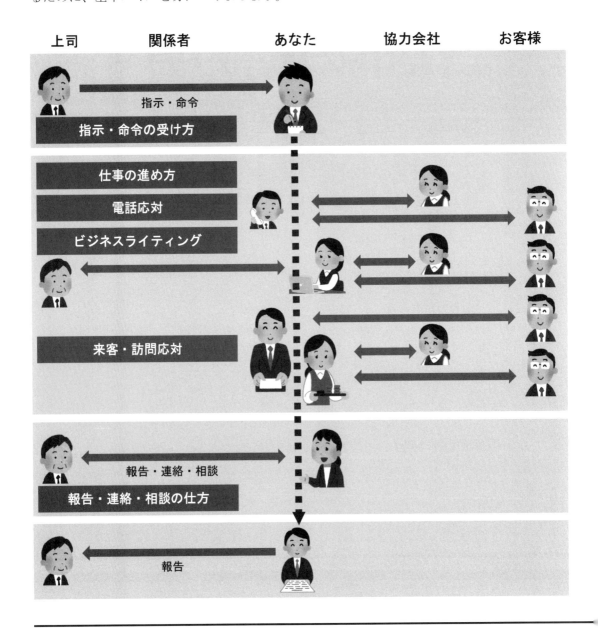

２．職場コミュニケーションの重要性

　学生時代の人間関係は、ほとんどの場合が「気が合う」「一緒にいて楽しい」「気を遣わなくていい」「共通の話題を持っている」などの人たちで構成されていることが多いです。

　しかし、これから社会生活の範囲が広がれば広がるほど、友人関係とは異なり、年齢や立場、価値観、生活環境などが異なる多様な人々とコミュニケーションをとらなくてはなりません。

　友人同士や家族であれば黙っていても通じ合える場合があるかもしれませんが、はじめましての繰り返しとなる社会生活では、黙っていては何も伝わりません。

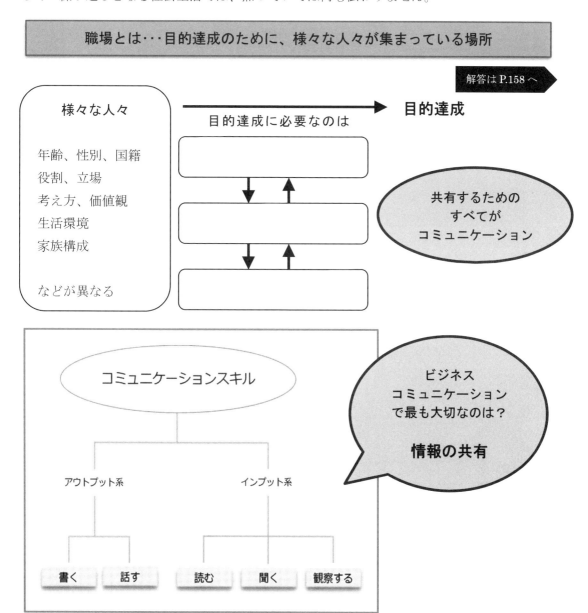

職場とは・・・目的達成のために、様々な人々が集まっている場所

解答は P.158 へ

様々な人々

年齢、性別、国籍
役割、立場
考え方、価値観
生活環境
家族構成

などが異なる

目的達成に必要なのは

目的達成

共有するための
すべてが
コミュニケーション

コミュニケーションスキル

アウトプット系　　　　　インプット系

書く　　話す　　　読む　　聞く　　観察する

ビジネス
コミュニケーション
で最も大切なのは？

情報の共有

3．仕事の進め方

　新入社員として仕事をスタートするあなたは、まず初めに、先輩や上司から指示や命令を受けて仕事を行うことになるでしょう。（受命）

　指示された仕事を遂行する上では、自分勝手に方法を決めて前に進むよりも、指示を受けた上司や先輩に相談したり、仕事の進み具合を報告したりしながら前進することが結果として早く確実な成果を上げることにつながります。

　「受命」「報告」「連絡」「相談」のポイントと具体的な方法を習得しましょう。

（1）マネジメントサイクル

　マネジメントサイクルとは、仕事を効率よく進めるためにどのような過程が必要かを表した言葉で、**PDCAサイクル**とも呼ばれています。

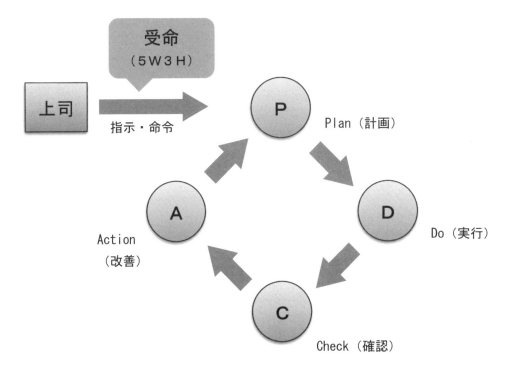

図表2－1：PDCAサイクル

（2）仕事を進める際の基本

①　優先順位を考える。

②　わからないことはそのままにせず、必ず確認する。

③　スケジュールをたて、納期を守る。

④　時間管理をし、状況に応じて指示者に報告・連絡・相談をする。

4．仕事の優先順位

　職場では、一人の人間が同時にいくつもの仕事を進めていくことが多いものです。

　同時にいくつもの仕事を頼まれたときや、やるべきことが多すぎて何から手をつけてよいかわからないときは、どの仕事を優先して行うかを冷静に判断しなければなりません。

　全体を一度整理し何が重要かを判断して、優先順位をつけることで効率的に仕事を進めることができます。

5．優先順位のつけ方

① 抱えている仕事の全体像を把握する
　・今、抱えている仕事をすべて箇条書きで書き出す
　・パニックになっているときは、書き出す行為が冷静さを取り戻す方法にもなる

② 重要度と緊急度のマトリクスで仕事を分類する
　・重要度は、自分で判断できなければ上司や先輩に確認する
　・自分では重要ではないと思った仕事でも重要度が高い場合があるので自己判断は禁物

③ 必要時間を考える
　・その仕事を始めてから終わるまでにかかる時間を予め把握していると、スケジュールを決めるときに役に立つ

④ スケジュールを決める
　・優先順位と必要時間を考え、日々のスケジュールを決める

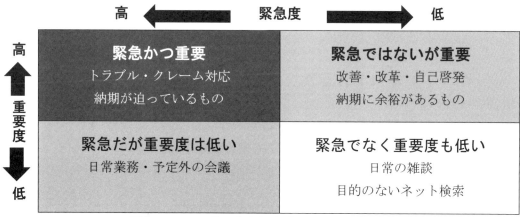

図表2-2：重要度と緊急度のマトリクス

02 職務における報連相

1．報・連・相（ほうれんそう）とは？

　「報・連・相（ほうれんそう）」とは、「報告」「連絡」「相談」を意味します。
　職場では、常に「報・連・相」を心がけることが大切です。

　「報・連・相」には以下のような役割があります。

◆**仕事の締めくくりであり、次のステップへの始まり**
　指示・命令されたことについて、進行状況や問題点、結果を知らせることにより、その仕事の適否を確認することができ、次の仕事、あるいは次のステップを作ることができます。

◆**作業能力を向上させる**
　作業の方向性の確認ができ、効率的に作業を進めるためのアドバイス・指示・命令を得られる場にもなります。

◆**相手の立場と考え方を知り、チームワークを向上させる**
　情報整理の方法を学ぶ場であり、全社的な立場にたってどのように進めていくか、仕事が進めば進むほど固執した方向性に陥りがちな状態を正していくこともできます。

報・連・相はなんのためにする？　なぜ、重要？

業務に関わる人すべてで情報を共有するため

1．業務をスムーズに行うため（確実性・効率性の向上）
2．ミスをしないため、ミスを事前に防ぐため（リスクヘッジ）
3．チーム内でお互いの理解が深まり仕事がしやすくなる

２．受命と報・連・相

命令の受け方

① 呼ばれたら「はい」と返事をする

仕事をしている途中でも、明るく返事をする

（イヤだな、面倒だな、という感情は決して表情や声に出さない）

② 速やかに上司の席に行き、「失礼いたします」と声をかける

何を持っていく？　「　　　　　　　　　　」と「　　　　　　　　　」

キビキビとした態度で、上司の斜め前に立つ

解答は P.158 へ

留意点
・離席するときは、書類などは閉じ、軽く片付ける
・椅子は必ず、机にしまう

③ 指示・命令の内容はメモを取りながら、要点を正確につかむ（５Ｗ３Ｈ）

メモをとり、相づちや返事をしながら、話を遮らずに最後まで聞く

どんな仕事でも必ず確認しなければならないのは？「　　　　　　　　　」

解答は P.159 へ

留意点
・要点をメモする
・質問や不明点は、最後にまとめて確認する
・先入観を持って聞かない

④ 要点を復唱し、指示内容を確認する

「復唱いたします。・・・で、よろしいでしょうか」と要点を復唱確認する

留意点
・疑問点や不明点は理解できるまで必ず確認する
・複数の仕事が重なっているときは「　　　　　　　　　」
　を確認する

解答は P.159 へ

３．仕事の全体像を把握する

　指示命令を受けても、仕事の目的や内容を掴まなければ、期待される成果を出すことはできません。仕事の全体像を掴むためには、指示内容を漏らさず聞くだけでなく、不足している情報を自ら確認することが必要です。５Ｗ３Ｈの項目を参考に、依頼された仕事を進めるために必要な情報が得られているかを確認し、仕事の全体像を把握しましょう。

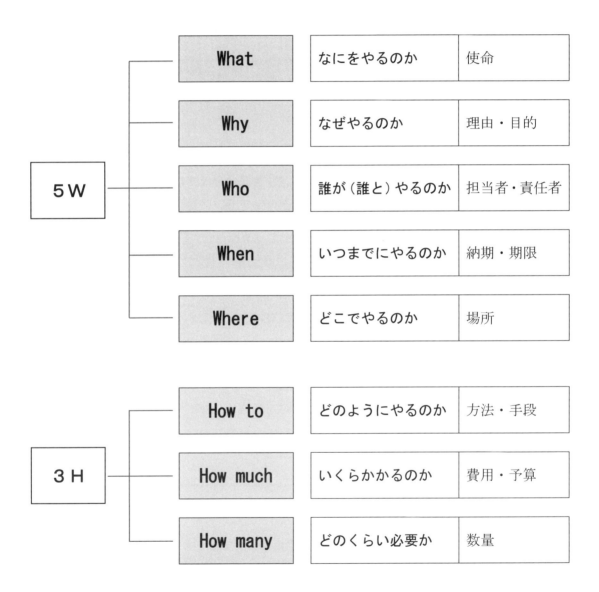

4. 指示を受けてみましょう

どのように指示を受ければよいでしょうか？グループで話し合ってみましょう。

発表を見て、良かった点と改善点を書き出してみましょう。

■良かった点

■改善点

解答例は P.159 へ

5. 報告

（1）報告のタイミング

報告はタイミングが肝心です。

ひとつの指示・命令に対して、いくつかのタイミングを組み合わせて実施しましょう。

＊主な場面

- ・業務予定の報告　　　　　　　　**事前報告**
- ・途中経過の報告　　　　　　　　**中間報告**
- ・終了したときの報告　　　　　　**結果報告**

＊ポイント

- ・聞かれる前にする
- ・指示を出した人にする
- ・長期間の仕事は、必ず途中で進捗状況の中間報告をする

> 報告は、良い事だけでなくミスについても行います。
> ミスをしたときは迅速に報告をしましょう。
> 聞かれるまで待つという姿勢ではなく、自ら進んで報告しましょう。

（2）報告の方法

報告相手の仕事の状況、スケジュールを把握しながら報告方法を考えましょう。

◆口頭での報告

① 結論を述べ、次いで理由、経過説明、再度結論の順で伝える

② 主観（個人的な意見）は避ける

　「～と思った」「～と感じた」という報告は、上司の誤った判断を招く危険がある。

③ 意見を求められた場合は、個人の意見であることをはっきりと明言する

　「私の意見といたしましては」「私は～のように感じました」

◆記述での報告

内容が複雑な場合や、口頭では分かりづらい場合は、記述して報告をしましょう。

① グラフや図式を用いる

② 時間・数量などを明確にする

　例）×　「本件については、明日の午前中にだいたい終了すると思います。」

　　　○　「本件については、明日の11時までに終了予定です。」

③ メールでの報告は、必ず相手に読んでもらえるよう工夫する

　例）メール送信後に電話し、メールを送ったことを伝え、読んでもらうように促す等

◆わかりやすく伝える工夫　　　WHOLE・PART法

WHOLE　＝　導入（全体）

「ご報告したいことが3点あります。

まず、1つめは・・・

次に、2つめは・・・

そして、3つめは・・・です。」

PART　＝　本論（部分）

「まず、1つめについては・・・」

「次に、2つめについては・・・」

「最後に、3つめについては・・・」

WHOLE　＝　要約（全体）

「以上、1つめ・・・、2つめ・・・、3つめ・・・

3点をご報告申し上げます。」

6．報告をしましょう

リーダーから指示を受け、あなたが担当している工程で機械エラーが生じました。

このエラー表示は以前にも出たことがあり、そのときにリーダーから手順を教えてもらい、一緒に復旧作業を行いました。そこで、あなたは教えてもらったことをメモしてあるノートを見直しましたが、どこにも記録が残っていません。リーダーは仕事にとても厳しい人なので、一度教えてもらった作業についてもう一度聞くと叱られそうです。

また、今日はとても忙しいため、周囲の先輩たちも自分の作業に必死で、あなたの手が止まっていることに誰も気づきません。

一度やったことがある作業なので、なんとなく覚えていましたし、できるような気がします。そこであなたは、自力でなんとかしてみることにしました。しかし、なかなかうまくいきません。ふと時計を見ると機械エラーが出てから30分以上の時間が過ぎていました。

これ以上、復旧作業に時間がかかると今日あなたが終えるべき仕事が定時までに終わらなくなりそうです。そこで、あなたはリーダーに報告することにしました。

どのように報告を行えばよいでしょうか？グループで話し合ってみましょう。

発表を見て、良かった点と改善点を書き出してみましょう。

■良かった点

■改善点

解答例は P.160 へ

7．連絡

（1）連絡のタイミング

＊主な場面

- ・業務に関する動きや、変更・決定事項などを関係者に伝える
- ・関連する情報を入手したら、迅速に関係者に伝える

（2）連絡の方法

連絡の手段は、対象・内容・緊急度・重要度によって異なるため、意思の疎通を図るには、次のように使い分けるとよいでしょう。

◆簡単なもの、急を要するとき

口頭・電話・メール・ファックス等で必要なことを素早く連絡する

◆多数の人に知らせるとき

朝礼や終礼、会議等の人が集まるタイミングを利用するか、掲示や放送、社内報、あるいは社内メールの一斉送信等を利用する

◆文書によるとき

メールの添付資料やメモ書きなどを利用する。文書による連絡が必要なものは次の場合です。

- ・数字を使うもの
- ・方針に関するもの
- ・重要なもの
- ・複雑なもの（回覧や通達、稟議の形式にする）
- ・記録を残す必要があるもの（対外文書や会議議事録）
- ・伝言だけでは、間違いが起こる恐れがあるもの
- ・制度化されているもの（定例報告や日報等）
- ・グラフや図表等を示す必要があるとき

（3）問題のある連絡

せっかく連絡をしても、間違った方法ではかえって相手に伝わりにくくなってしまいます。以下は、問題のある連絡とその適切な処理方法です。

◆情報が多すぎる連絡、わかりにくい連絡

予め情報の整理をし、連絡事項の目的やねらい・重点を明確にして行う

◆事実と異なる連絡

自分自身が情報を正確に把握した上で行う

◆タイミングを逃した連絡

連絡すべき時間を予測し、連絡方法を考えて実施する

8．連絡をしましょう

＊グループで話し合ってみましょう。

うまくいった要因はどのような点でしょうか？

うまくいかなかった要因はどのような点でしょうか？

9. 相談

（1）相談のタイミング

　相談は、職場コミュニケーションの第一歩。上司・先輩とお互いに理解しあうチャンスと心得ましょう。

主な場面

- ・納期までに仕事が終わらない見込みのとき
- ・ミス・トラブル・例外の事象が発生したとき
- ・疑問・意見・提案等があるとき

（2）相談の仕方

　上司が忙しそうだから…と、不明な点をクリアにしないままに進めてしまうのは、最も避けるべき仕事の進め方です。相談する際は、話す内容を予め整理して、相談相手の都合やタイミングを見計らって行いましょう。

ポイント

- ・相手の都合を考慮し、了承を得てから行う
- ・自分の意見を持ち、上司任せにしない
- ・上司からのアドバイスは素直に受けとめる
- ・理解できないことがあれば、質問をして納得してから業務に戻る

また、仕事に関する悩み事も同じです。

　ひとりで抱え込まずに、先輩・上司・同僚へ相談をすると、別の視点からの意見が得られ、解決の良い糸口が見えてくるはずです。

例文

　「○○課長、お忙しいところ申し訳ございませんが、ご相談（確認）したいことがございます。本日どこかで15分ほどお時間をいただけますでしょうか？」

　　　　　　　　　　　　　　　　　　　　～勇気をもって伝えてみましょう。～

「報・連・相」の前に、何を、どのように伝えたらよいか考えてから話そう！
　　～相手は何を求めているか？相手が理解しやすい順序で話す～

はじめに話の"目的"と"所用時間"を伝える
　「A社に納品する製品の件でご相談があります。今、5分ほどお時間よろしいでしょうか？」

簡潔明瞭に"要点は何か"を先に伝える
　「A社から、製品価格の10％値下げ要求がありました。対応についてご相談したいです。」

"事実"と"意見"を分ける
　「A社からは、・・・・という事情があると伺っております。（事実）」
　「私としては、・・・・も影響しているのではないかと推察しております。（意見）」

１０．正確な情報伝達

あなたは、こんな経験がありますか？

誰かに何かをお願いしたのに、やってもらえなかった…

「あの人にお願いしたのに、やってくれていない！！」

お願いされていたことをやったのに、やり方が違うと言われた…

「あんな言い方でわかるわけがない。最初からわかるように説明してよ！！」

相手を責める前に、考えてみましょう。あなたに非はなかったのでしょうか？

職場には、様々な人々がいます。

価値観の異なる人同士が情報を共有するためには、確認が必要です。

円滑なコミュニケーションを阻む要因

「言いっぱなし」　←　情報のズレ　→　「聞きっぱなし」

「言ったはず」　←　気持ちのズレ　→　「わかったつもり」

「正確に伝わったか」、「正確に理解したか」を確認しましょう。

１１．報連相ケーススタディ

　以下の設問に、左上の□の中に、正しければ○、間違っていたら×を記入し、その理由も書きなさい。

１．指示を受けた仕事が予定より早く終わりそうな場合は、遅れるわけではないので報告をする必要はない。

理由）

２．報告をする場合は、どのような経緯で結論に至ったかがわかるように、時間の流れに沿って説明するのが望ましい。

理由）

３．先輩から頼まれた仕事の最中に、課長から急ぎの用事を依頼されたので、課長の用事を優先させた。そのため先輩から頼まれた仕事は最後までできなかったが仕方がない。

理由）

４．課長から依頼された仕事が終わったので報告をしようとしたら、課長が席を外していたので部長に報告した。

理由）

解答例は P.160～161 へ

03 コミュニケーションツール

■コミュニケーションツールの理解

現代のビジネスシーンでは、主に４つのコミュニケーションツールが使用されています。
それぞれの特性を理解し、最善の方法で情報を伝えましょう。

情報伝達方法は変わっても、伝え方は常に同じ。相手の立場にたって情報伝達をしましょう。

ツール	メリット	デメリット
電話	・早く情報を伝達できる ・臨機応変な使い方ができる ・声で感情を表現できる	・相手の状況に気を遣う必要がある ・電話代がかかる ・記録が残らない
文書	・丁寧な印象を与える ・整った印字で記録に残る ・沢山の資料を一度に送付できる ・相手を拘束しない	・到着するまでに時間がかかる ・手間がかかる ・郵送代がかかる
Ｅメール	・スピードが速い ・場所や時間に関係なく送れるので国内外を問わない ・相手を拘束しない ・返信がしやすい ・多くの人に同じ内容を一斉に送ることができる ・電子データのやり取りができる ・保存場所をとらない	・メール受信の環境が必要 ・データ容量の大きいものは送信に時間がかかる ・パソコンを起動しないと見られない
ＦＡＸ	・スピードが速い ・相手を拘束しない ・図や絵などを入れられる	・電話代と紙代がかかる ・沢山の書類は一度に送りにくい ・不鮮明 ・保存性が悪い場合がある ・機密性に欠ける

04 ビジネス文書

1. 簡潔明瞭な文章を書くためのポイント

① 結論を先に

文章の構成は「結論→理由→経過説明→結論」

口頭での報告と同じように、結論を先に、詳細な説明はその次に書く。

② 箇条書きでわかりやすく

伝えたいことが多い場合、整理して順番を付け、箇条書きにする。

③ 短文で書く

一文の目安は 40 字〜50 字程度が適当。長い場合は、句点「。」で区切る箇所がないかを見直す。

④ 1要件1文書

文書の意図を明確に相手に伝えるため、またファイルする際の利便性などを考慮し、1要件1文書が原則。また、文書はできるだけ1枚にまとめるよう要約し見やすく工夫する。

⑤ 敬体は乱用しない

自分の行為については、結び句だけを敬体にし、その他は常体にすることで過剰な表現を回避。自社のこと、自分側に属する事項へ丁寧すぎる表現にならないようできるだけ簡潔明瞭な文章を心がける。

2. 表記法

① 文字、文体

・漢字は、原則として常用漢字を用いる。

　（ただし、地名や人名、会社名等の固有名詞が常用漢字以外の文字の場合は例外）

・数字は原則として算用数字を用いる。

・社内向けには、常体もしくは敬体。社外向けには敬体を用いる。

② **基本の書式**

・原則として、左横書き。

（ただし、法令などで定められている文書、表彰状、祝辞、弔辞に類する文書は例外）

・フォントはＭＳ明朝体やＭＳゴシック体を使用することが多い。（環境による）

・フォントサイズは、用途によるが 10.5〜11 ポイントが一般的。

③ **用紙の使用方法**

・原則として、Ａ４サイズを縦長に使用する。

（ただし、相手方もしくは法令などによる指定がある場合は、それに従う）

・２枚以上にわたる場合は、ページ番号をつけ、左上を綴じ合わせる。

④ **ページ番号の表示方法**

・ページ番号は通常、下部中央か右下、または上部右上に挿入する。

・ページ番号の表記方法は次のようにするとわかりやすい。

例）全５ページの文書、２ページ目・・・２／５

⑤ **原本（げんぽん）・控（ひかえ）・写（うつし）**

正式な契約書、外部や官公庁に提出する文書等は、同一のものを数部作成し、実際に送付する文書を「原本」、発信元で保管するものを「控」、関連部署へ参考として通知するものを「写」と呼ぶ。ただし、紙ベースの資料は、必要以上の部数は廃棄となり、経費と資源の無駄遣いになってしまうため、必要最低限の部数に留めておくことも大切。

３．ビジネス文書作成のポイント

① **正確な内容を伝える**

・日付、数字が正確である

・データ（資料）が正しい

・内容に漏れがない

② **わかりやすく書く**

・サイズを統一する　　　※基本サイズは　　（　　　　　　　）（　　　　　　　）

・閉じ位置を統一する　　※基本は　　　　　（　　　　　　　）

・読みにくい漢字は使用しない

・わかりにくい言い回しをしない

解答は P.161 へ

③ **簡潔にまとめる**

・一文を短くする

・いくつかの項目があるときは、箇条書きにする

④ コスト意識を持つ

・時間、労力、物（用紙、筆記用具など）の使用を最小限にする。

４．宛て名の書き方

宛先	敬称
会社（団体・組織）宛て ※部署名宛ての場合も同様	＜例＞ 株式会社ＡＢＣ ＿＿＿＿＿＿
会社（団体・組織）＋個人名宛て ※部署名や役職名がついても同様	＜例＞ 株式会社ＡＢＣ 人事部長　山田太郎 ＿＿＿＿
複数の法人や個人宛て	＜例＞ お取引先 ＿＿＿＿＿＿／社員 ＿＿＿＿＿

解答は P.161 へ

◆「様」と「殿」の使い方

「殿」は目下に使う表現。

ただし、"課長"などの役職名は元々敬称のため、"様"をつけると二重敬語になり逆に失礼にあたるという考えから、かつては"○○課長殿"という表現が使われていた。

しかし、現在は「殿」を使わない流れが主流。

役職のついた方への宛て名は、次のように記載するのが正式。

例：人事部長　田中次朗　様

５．ビジネス文書の役割

ビジネス文書とは、業務上のあらゆる情報を文字で表現したものです。

口頭でも情報伝達（＝コミュニケーション）は可能ですが、ビジネスでは文書を多用します。

なぜ、ビジネス文書を用いるのでしょうか？

ビジネス文書が果たす役割には、次のようなものがあります。

・情報、意見、指示などを相手に正確に伝える
・伝えた証拠を残す
・資料として保存する
・仕事の経過と結果を明確にする
・勘違いによる誤りを防ぐ
・仕事を効率化する

6．ビジネス文書の種類

◆社内文書と社外文書の書き方

社内文書	社外文書	
	取引文書	社交文書
効率重視・簡潔に	儀礼的・形式的	

◆社内文書

報告書	与えられた任務の経過や結果について報告する
依頼書	頼み事をする
回答書	依頼書に対する返事をする
通知書	業務上の決定事項などを知らせる（組織全体に周知する文書等）
議事録	会議の議題、結果などを記録する

◆社外文書

社交文書	案内状	会合、催事などの案内をする
	挨拶状	季節の挨拶、移転、役職員の異動、組織変更、記念日などを知らせる
取引文書	依頼状	先方に頼み事をする
	照会状	先方の意向や事実などに関する問い合わせ
	回答状	依頼状、照会状に対する回答、返信
	通知状	業務上の決定事項などを先方に知らせる

◆その他、日常業務で作成するメモ、資料

　製品マニュアル、設計仕様書などの技術文書、その他稟議書や社内帳票などの別途書式や記載要領が定められているものは、それぞれの書式・記載要領に従って作成する。

MEMO

7．社内文書の基本＜例＞

①総　厚　第　○○号

②令和○○年○月○日

③社員各位

④総務部厚生課

前付

標題　　　　　　　　　　　⑤定期健康診断のお知らせ

主文　　⑥本年度の定期健康診断を下記のとおり実施いたします。
　　　　社員各位は、必ず全員受診してください。

⑦記

別記

１．日時　　〈男性〉　　●月●日（●）
　　　　　　〈女性〉　　●月●日（●）
　　　　　いずれも　10:00〜12:00、13:00〜15:30

２．場所　　ＡＢＣクリニック
　　　　　　■■市▲町 5-1　　　　　TEL 1234-56-7890

３．診療科目　　　　　（省略）

副文　　⑧※なお、日程の都合がつかない方は、事前に厚生課までご連絡ください。

⑨以上

後付　　　　　　　　　　　　　　　⑩（担当：伊藤/内線 205）

8. 社内文書の基本＜解説＞

社内文書の基本＜例＞

前付	①文書番号	記号は発信元の部署がわかるように設定する
		番号は年度ごとの一連番号を付するのが一般的
	②発信年月日	原則として、文書番号の下に書く
		作成日ではなく、発信日を記入する
		日付は「年号」または「西暦」で統一する
	③宛名	日付の下、左に寄せて記入する
		部課あてのものは、「御中」「各位」を付ける
	④発信者名	宛名の下、右に寄せて記入する
		文書の責任者として、発信部署（必要な場合は名前）を記入する

| 標題 | ⑤標題 | 内容の主旨を簡潔に記入する |
| | | 中央にやや大きめの字で記入する |

| 主文 | ⑥本状の主旨 | 内容の主旨を簡潔に記入する |
| | | 中央にやや大きめの字で記入する |

別記	⑦特記事項	主文の内容が複雑多岐な場合は、本文の下に「記」として
		簡単にまとめる
		主文文中に「下記のとおり」とわかるように記入する

副文	⑧添え書き	追伸
		添付書類がある場合は、名称と枚数を記入する
	⑨結び	特記事項の最後は「以上」で締める

| 後付 | ⑩担当者名 | 担当者・内線番号などを記入する（問い合わせの際に便利） |

9．社外文書の基本＜例＞

①令和〇〇年〇月〇日

前付 {

②●●工業株式会社
　　代表取締役　〇〇〇〇様

③▲▲商事株式会社
　　代表取締役　△△△△

標題 {

④電話番号変更のご案内

前文 {

⑤　　⑥　　　　⑦
拝啓　清涼の候、益々ご清栄のこととお慶び申し上げます。
⑧平素は格別のお引き立てを賜り、厚く御礼申し上げます。

主文 {

⑨さて、⑩この度弊社本店の電話番号が変更いたしましたので、下記のとおりご案内申し上げます。お手数ではございますが、お手元の番号控をご訂正いただきますとともに、各ご担当者様にもお知らせくださいますようお願い申し上げます。

末文 {

⑪まずはご通知申し上げます。

⑫敬具

別記 {

⑬記

新電話番号
　代表　　　　　：　９８７－６５４－３２１１
　ＦＡＸ　　　　：　９８７－６５４－３２２２
　営業部直通　　：　９８７－６５４－３２３３
　総務部直通　　：　９８７－６５４－３２４４

変更開始日　　　　　令和〇〇年〇月〇日（　　）

副文 {

⑭※なお、弊社各支店の電話番号は従来どおりです。

⑮以上

１０．社外文書の基本＜解説＞

前付	①発信年月日	作成日ではなく、発信日を記入する
		日付は「年号」または「西暦」で統一する
	②宛名	日付の下、左に寄せて記入する
		・法人（官公庁・団体）は（株）（財）（社）等と略さず正式名称 で記入する
		・社名、所属部署名、役職名、氏名を下段に書く
	③発信者名	宛名の下、右に寄せて記入する
		会社名を上段、役職名、氏名を下段に書く
標題	④標題	内容の主旨を簡潔に記入する
		中央にやや大きめの字で記入
前文	用件に入る前のあいさつ文	
	⑤頭語	スペースを空けず、一文字目から書く
	⑥時候の挨拶	月ごとに表現が変わる
	⑦安否の挨拶	
	⑧感謝の挨拶	
主文	用件を述べる部分	
	⑨起辞	主文の書き出しの言葉
		「さて」「じつは」「ところで」などを使い
		一字下げて書き始める
	⑩本状の主旨	手紙の主旨を簡潔に書く　詳細は別記する
末文	結びの言葉をつける	
	⑪結びの挨拶	「まずは」「以上」などの言葉からつなげる
		要件をまとめる言葉にする
	⑫結語	最後の一文が短い場合は末文と同じ行に記す
		行末に一文字空けて書く
別記	⑬特記事項	主文の内容が複雑多岐な場合は、本文の下に「記」として 簡単にまとめる
		主文文中に「下記のとおり」とわかるように記入する
副文	⑭添え書き	追伸
		添付書類がある場合は、名称と枚数を記入
	⑮結び	特記事項の最後は「以上」で締める

１１．文章構成＜補足＞

（１）前付け

①文書番号

②発信年月日

③宛て名（正式な会社名、部署名、役職名、個人名フルネーム、敬称の順で書く）

　　　×　㈱ＡＢＣ商事　　　　○　　株式会社ＡＢＣ商事

　　　×　山田部長様　　　　　○　　部長　山田太郎様

（２）前文

①標題（件名）　　　　…内容が一目瞭然になるような件名を掲げる

②頭語・結語　　　　　…書き始めの頭語と、末文終わりの結語は、組み合わせを守る

	頭語	結語
一般的な文書の場合	拝啓	敬具
丁寧な場合	謹啓	敬具、敬白
前文を省く場合	前略	草々、不一
急用の場合	急啓	敬具
返信の場合	拝復	敬具
再発信の場合	再呈	敬具

など

③挨拶文

時候の挨拶、安否の挨拶、感謝の挨拶で構成され、様々な組み合わせのパターンがある

◆時候の挨拶

1月	大寒、厳冬	あけましておめでとうございます
2月	晩冬、余寒	立春とは名ばかりで寒さ厳しい日が続きます
3月	早春、春暖	日増しに暖かくなり桜前線の動きが活発になりました
4月	陽春、晩春	春たけなわの今日この頃
5月	新緑、立夏	青葉薫る季節となりました
6月	初夏、向暑	長雨の間に緑が深くなりました
7月	盛夏、猛暑	暑中お見舞い申し上げます
8月	残暑、炎暑	残暑お見舞い申し上げます
9月	初秋、新秋	朝夕めっきり涼しくなりました
10月	仲秋、清涼	秋も深まり、しのぎよい季節になりました
11月	晩秋、向寒	落ち葉舞う季節になりました
12月	初冬、寒冷	歳末ご多忙の折から

◆安否の挨拶

個人宛	○○様におかれましては 貴職（職名あて） 貴下（複数あて）		ご健勝 ご清祥 ご活躍	のことと の由 の趣	お慶び申し上げます お喜び申し上げます 拝察いたします 大慶に存じます
法人・団体宛	貴社、御社（会社あて） 貴店 貴行、御行（銀行あて） 貴校、御校（学校あて） 貴会　　　（団体あて）	ますます いよいよ	ご発展 ご繁栄 ご隆盛 ご隆昌 ご清栄		

＊参考例

○○様におかれましては、ますますご清祥のこととお喜び申し上げます

貴社ますますご繁栄のこととお慶び申し上げます

◆感謝の挨拶

平素は 日ごろは 毎々 毎度 いつも この度は	格別の 多大な なにかと ひとかたならぬ なみなみならぬ	ご高配 ご愛顧 ご配慮 ご厚情 ご支援 ご指導 ご助力	を賜り にあずかり いただき くださり	厚く 心より 謹んで 誠に	御礼申し上げます お礼申し上げます ありがとうございます 感謝申し上げます 深謝申し上げます

＊参考例

平素は格別のご高配を賜り、厚くお礼申し上げます

平素はひとかたならぬご厚情を賜り、誠にありがとうございます

日ごろはなにかとご支援いただき、感謝申し上げます

この度は多大なご助力を賜り、深謝申し上げます

＊お詫びの参考例

この度は多大なご迷惑をおかけし、謹んでお詫び申し上げます

この度○○○の件につきまして、再三お手を煩わせましたこと深くお詫び申し上げます

この度はご返事が遅れまして、誠に申し訳ございません

（3）主文

前文が終了した次の行から始める

書き始めは一字下げて、「さて」や「つきましては」と始める

項目が多くなるときは、「記」として、別記に箇条書きにする

（4）末文

主文が終了した次の行から始める

書き始めは一字下げて締めくくりの挨拶を書き、結語で終える

◆ご愛顧・お引き立てを願う

なお なにとぞ 今後とも どうぞ	引き続き 末永く よろしく 倍旧の 変わらぬ	ご高配 ご愛顧 ご支援 ご鞭撻 ご指導	のほど 賜りますよう あずかりますよう くださいますよう いただきますよう	心より ひとえに 切に 伏して よろしく	お願い申し上げます

＊参考例

今後とも引き続きご支援のほど、よろしくお願い申し上げます

なにとぞ変わらぬご指導賜りますよう、切にお願い申し上げます

どうぞ末永くご愛顧賜りますよう、心よりお願い申し上げます

◆相手のご発展（ご健勝）を祈る

個人宛	なお 末筆ながら	いっそうのご自愛を	心より 謹んで	お祈り申し上げます お祈りいたしております
会社宛		貴社ますますのご隆昌を ますますのご発展を		

＊参考例

末筆ながら、いっそうのご自愛を心よりお祈り申し上げます

なお、貴社ますますのご隆昌を心よりお祈りいたしております

◆締めの言葉

まずは 取り急ぎ とりあえず ○○かたがた 重ねて	ご通知 お知らせ ご連絡 ご挨拶 ご案内 お願い ご返事	（まで）申し上げます

＊参考例

取り急ぎ、ご連絡申し上げます

まずは、お知らせまで申し上げます

重ねて、お願い申し上げます

（5）別記

主文に付記すべき事項や、書き漏らした事項がある場合、「記」として別記する

結語の次の行から始める

箇条書きを利用する

別記に付記すべき事項は、箇条項目の下に書く

（6）副文

書き始めは1字下げて、「なお」「おって」と始める

補足であるため、短文で簡潔にまとめる

最終行の次行に「以上」を記す

１２．ビジネス文書用語＜参考＞

相手を敬う	貴社	貴地	貴信	ご査収 ご受納	ご賢察 ご了承	ご尽力	ご教示	ご高覧	ご来臨 ご臨席
自分が謙る	弊社	当地	弊信	頂戴 拝受	拝察 拝承	微力 些少	ご鞭撻	拝読 拝見	参上 馳せ参じる

MEMO

１３．その他のビジネス文書＜サンプル＞

◆書類送付状

令和○○年○○月○○日

株式会社○○○○
○○課　○○○○様

株式会社○○○○
○○課　○○○○

書類送付のご案内

拝啓　時下ますますご清栄のこととお慶び申し上げます。
平素は格別のお引き立てを賜り、厚くお礼申し上げます。
　さて、下記の書類を送付いたします。ご査収のほど
よろしくお願い申し上げます。　　　　　　　　　敬　具

記

＜送付内容＞
1.
2.
3.

備考
_____
_____
_____
_____

以　上

【お問合せ先】
○○課　担当○○○○
電話 00-000-0000
E-mail ------

◆ＦＡＸ送付状

ＦＡＸ

送信日 XXXX 年 X 月 XX 日（X）

送信先：	発信者：
○○○株式会社	株式会社○○○○
○○課　○○○○様	○○部○○課　○○○○
TEL：000-000-0000	TEL：00-0000-0000
FAX：000-000-0000	FAX：00-0000-0000

件名：
注文書送信のご連絡

送信枚数（本紙含む）　3枚

通信欄：
いつも大変お世話になっております。
別紙2枚、注文書を送信いたします。
恐れ入りますが、ご査収くださいますようお願いいたします。
後ほど、お電話いたします。
よろしくお願い申し上げます。

◆お礼状＜ハガキ＞

拝啓　年の瀬迫り貴社いよいよご繁忙の最中と存じます。
平素は格別のお引き立てを賜り、厚くお礼申し上げます。
さて、この度は、結構なお歳暮の品をいただきまして、誠にあり
がとうございます。いつもながらのお心遣い感謝申し上げます。
貴社一層のご発展と社員ご一同様のご健勝をお祈り申し上げます。
略儀ながら、お礼のご挨拶まで申し上げます。

敬　具

書中

令和○年○月○日

〒000-0000
　○○県○○市○○町0-0-0
　　　株式会社　○○○○
　　　代表取締役　○○○○
　　　　　　　　　○○○○

拝啓　盛夏の候、貴社ますますご清栄のこととお慶び申し上げます。
平素は格別のお引き立てを賜り、厚くお礼申し上げます。
さて、この度は、結構なお中元の品をいただきまして、誠にあり
がとうございます。いつもながらのお心遣い感謝申し上げます。
貴社一層のご発展と社員ご一同様のご健勝をお祈りいたし、書中
略儀ながら、暑中お見舞いかたがたお礼のご挨拶まで申し上げます。

敬　具

令和○年○月○日

〒000-0000
　○○県○○市○○町0-0-0
　　　株式会社　○○○○
　　　代表取締役　○○○○
　　　　　　　　　○○○○

◆出欠返信＜ハガキ＞　※以下のハガキを使って返信してください。

解答は P.162 へ

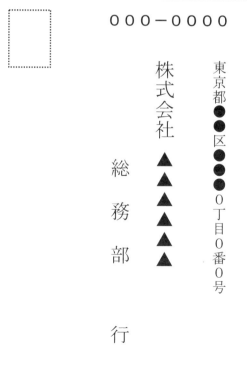

新社屋落成記念式典に

御出席

御欠席

御住所

御社名

御芳名

〇〇〇-〇〇〇〇

東京都●●区●●●〇丁目〇番〇号

株式会社　▲▲▲▲▲▲

総務部　行

１４．封筒の宛名書き＜縦書き＞

① 切手は左上に貼る

② 宛名は右から住所⇒会社名⇒所属部署名⇒役職名（肩書）⇒名前の順で書く

③ 住所は、郵便番号枠の右端のラインに揃え、上から一文字下げた位置から書く

　番地などの数字は、漢数字で記入する（一、二、三、四・・・）

④ 所属部署名は、会社名の次の行に一文字下げて書く

⑤ 役職名（肩書）は、短い場合は名前の上に少し小さめの文字で書く

　５文字以上の場合は、名前の右側に少し小さめの文字で書く

⑥ 名前は、封筒の中央に配置されるように大きめの文字で書く

＊何に対して敬称がつくのか？

　対象と敬称の組み合わせを正しく使い分けましょう。

　誤：営業部　○○○○課長様

　正：営業部　課長　○○○○様

＊役職名も名前もわからない場合は？

　△△株式会社　営業部　ご担当者様

⑦ 裏書きは、封筒の左下方に右から差し出し人の住所⇒会社名⇒所属部署名⇒役職名（肩書）⇒名前の順で書く（中央に書くのが正式だが、最近は左側に郵便番号の枠が印字されていることが多いため、左下方に書くのが一般的）

＊一般的には「〆」を用いる

　お祝い事には、「寿」「賀」等を用いる

＊封かん日を記載する場合は、左側に書く

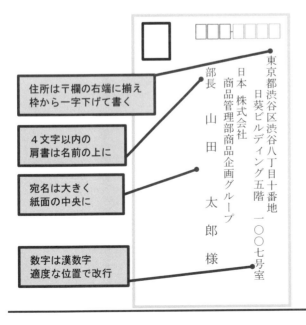

住所は〒欄の右端に揃え
枠から一字下げて書く

４文字以内の
肩書は名前の上に

宛名は大きく
紙面の中央に

数字は漢数字
適度な位置で改行

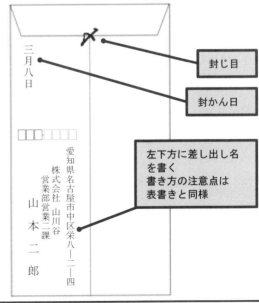

封じ目

封かん日

左下方に差し出し名
を書く
書き方の注意点は
表書きと同様

15．封筒の宛名書き＜横書き＞

① 切手は右上に貼る

② あて名は上から住所⇒会社名⇒所属部署名⇒役職名（肩書）⇒名前の順で書く

　　住所の書き始めは、左端から2文字分くらいスペースを空けて書く

　　番地などの数字は算用数字（0,1,2,3…）

③ 所属部署名は、会社名の次の行に一文字下げて書く

④ 役職名（肩書）は、4文字以内の場合は名前の前に少し小さめの文字で書く

　　5文字以上の場合は、名前の上に少し小さ目の文字で書く

⑤ 名前は、紙面の中央に配置されるように大き目の文字で書く

⑥ 裏書きは、封じ口の下に、郵便番号枠の左端に揃えて書く

　　住所の下に会社名⇒所属部署名⇒役職名（肩書）⇒名前の順で書く

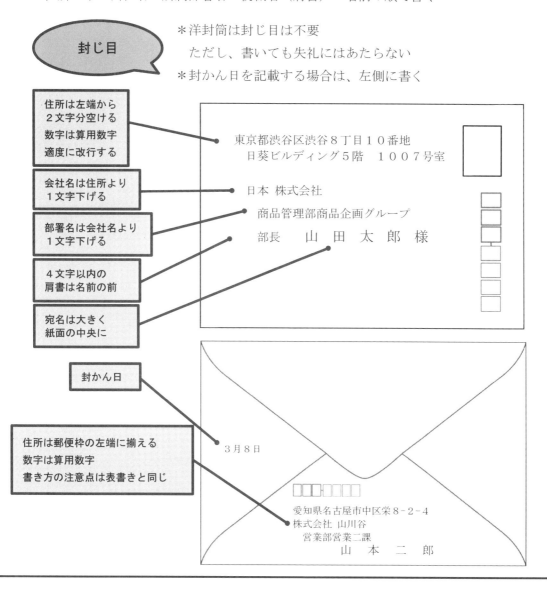

１６．封筒の種類と郵送料

■「定形封筒」と「定形外封筒」とは？

　「定形封筒」とは、日本郵政が定めた定形郵便物の条件を満たし、84 円切手（または 94 円切手）を貼って郵送できる封筒をいいます。それ以外は、「定形外封筒」です。

■　ビジネスで主に使用される封筒の種類

	Ａサイズ	Ｂサイズ	ハガキ	郵送料
定形封筒	長形3号（120×235） →Ａ4判三つ折り対応 洋形2号（162×114） →Ａ4判四つ折り対応 洋形長3号（120×235） →Ａ4判三つ折り対応 洋形4号（235×105） →Ａ4判三つ折り対応	長形4号（90×205） →Ｂ5判三つ折り対応	洋形2号（162×114） 洋形3号（98×148） 洋形4号（235×105）	25g 以内 84 円 50g 以内 94 円
定形外封筒	角形2号（240×332） →Ａ4判対応	角形1号（270×382） →Ｂ4判対応 角形3号（216×277） →Ｂ5判対応		50g 以内 120 円 50g 以上 140 円〜

　　例）Ａ4用紙の送付

　　　　折り曲げ可　　　→　　　定形封筒の長形3号などを使う

　　　　折り曲げ厳禁　　→　　　定形外封筒の角形2号を使う

　定型封筒と定形外封筒では、郵送料金が異なります。

　その他、配送にはメール便という手段もあります。

　どの手段で送るのがよいか判断がつかないときは、先輩や上司に相談しましょう。

１７．封筒の宛名書きワーク

＜例題＞

> 　名刺の方に新製品のカタログを郵送するため、封筒の宛名書きをしてください、と上司から指示が出ました。
> 81 ページに表面、82 ページに裏面の宛名書きをしましょう。

　カタログはＡ4サイズです。

　折らずに送付するためには、どのサイズの封筒を選べばよいですか？

実際に書いてみましょう。

送付先

日本株式会社
工業部　部長　　日 本 太 郎

〒123-4567　　東京都港区田町 8-5-3
　　　　　　　　田町ビルディング　9 階
TEL：03-1234-5678 ／ FAX：03-7890-4321

発信者

〒456-8910
愛知県刈谷市幸福町 12- 8
株式会社山大和商事
物流部 物流 1 課課長　　花岡梅代

◆表面　Ａ4定形外封筒　＜角型2号＞

解答は P.162 へ

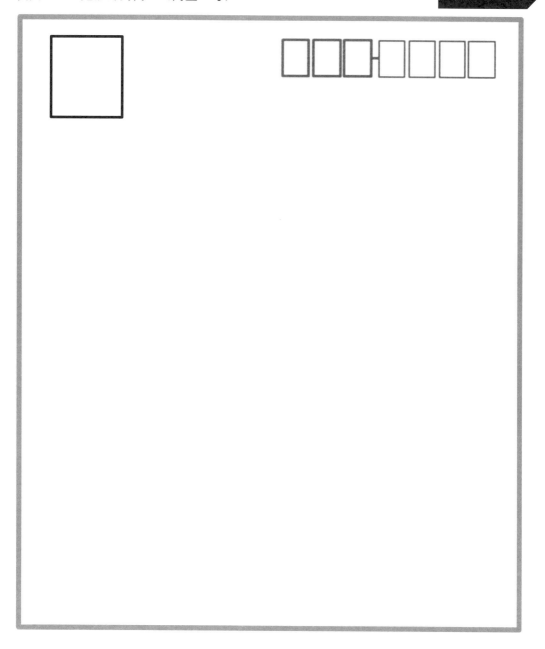

実際に書いてみましょう。

送付先

日本株式会社
工業部　部長　　日　本　太　郎

〒123-4567　　東京都港区田町 8-5-3
　　　　　　　　田町ビルディング　9 階
TEL:03-1234-5678 / FAX:03-7890-4321

発信者

〒456-8910
愛知県刈谷市幸福町 12- 8
株式会社山大和商事
物流部 物流 1 課課長　花岡梅代

解答は P.162 へ

◆裏面　　A 4 定形外封筒＜角型 2 号＞

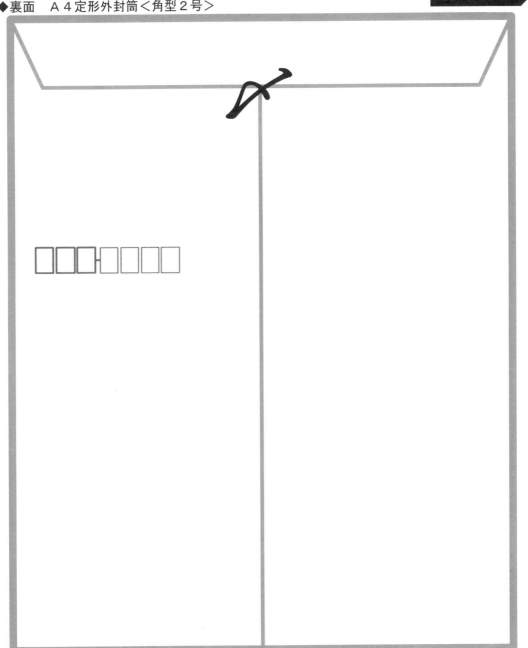

05 ビジネスEメール

1．ビジネスEメールとは

　ビジネス E メールは、現代のビジネスシーンにおいてもはや欠くことのできないコミュニケーションツールです。

　国内外を問わず、瞬時に複数の相手に情報を送ることができる便利さは E メールのメリットです。

　しかし、相手に対する配慮を忘れてしまうと、思わぬ迷惑をかけてしまうことがあります。

2．ビジネスEメールに必要な要素

◆スピード感

　　①すばやい返信と正確な回答が期待される

　　②すぐに回答できない場合でも、まずは受領した旨を返信する

◆短文とアレンジ

　　①だらだらと長い文章は控える（原則は用件のみ）

　　②定型文書の使いまわしはしない（マニュアル作業の印象を与える）

3．ビジネスEメールのマナー

◆簡潔にわかりやすく！

　　＊冗長にならないよう、伝えたいことを整理して、簡潔に書く

　　＊1メール1テーマが基本。種類の異なる情報をいくつも盛り込まない

◆見やすく！

　　＊スクロールしなくとも一覧できる長さが理想的

　　＊画面上の見やすさを考え、適度な行間や罫線等で区切るなど工夫をする

◆相手のことを考える！

　　＊一方的な連絡にならないよう、相手の状況や心情に考慮して書く

　　＊感情的なメールは誤解を招くことも多いので、業務上の情報伝達に留める

　　＊メール文を作成したら、受け取る相手の気持ちになって読み返す

　　＊メールを受信したら、できるだけ早めに返事をする

　　　（基本は当日中、遅くとも翌日中には返事をする※一般的には24時間以内ともいわれる）

◆**安全に！**

＊間違った相手に送ることのないように注意する

＊機密情報漏洩の危険が隣り合わせであることを認識する

＊セキュリティを考慮し、社内規定や文書の定めに従ってパスワード設定等の対策を講じる

４．ビジネスＥメールのポイント

（１）宛先を正確に入力する　※半角英数字

指定場所	内容と目的
ＴＯ　　宛先	メールを送りたい当事者 ・一旦アドレス帳に登録し、名前が表記されるように設定する
ＣＣ	Carbon Copy の略 ・ＣＣに指定したアドレスには、宛先と同時に送信される ・メールの内容を関係者に知ってもらいたいときなどに指定する
ＢＣＣ	Blind Carbon Copy の略 ・ＢＣＣに指定したアドレスもＣＣと同じく宛先と同時に送信される ・ただし、ＢＣＣに指定したアドレスは他の受信者の画面では表示されない ・自分だけがアドレスを知っている複数の人に対して同時にメールを送信したい場合は、宛先に自分のアドレスを指定し、ＢＣＣに他の方のアドレスを指定する

（２）機種依存文字や半角カタカナは使わない

「機種依存文字（環境依存文字）」や、半角カタカナ（文字の幅が半分のカタカナ文字）は、パソコンの機種によって表示される文字が異なる可能性があり、正しく表示されない場合があるので、使わない。

◆**使用を避けた方がよい文字**

種類	機種依存文字の例
丸数字	①、②、③、④、⑤・・・
ローマ数字	Ⅰ、Ⅱ、Ⅲ、Ⅳ、Ⅴ、ⅰ、ⅱ、ⅲ、ⅳ、ⅴ・・・
省略文字	㈱、㈲、㈹・・・
単位記号	㌫、㌢、㌧、㌔、kg、m²・・・

（３）ファイル添付の注意（チェックリスト）

＊**添付前にウイルスチェックを行う**

□　顧客や取引先にウイルスを感染させた場合、迷惑をかけるだけでなく損害賠償請求にいたる可能性もある

＊**容量の大きなサイズを添付するときは圧縮する**

□　受信側のインターネット接続環境により、ファイルのダウンロードに時間がかかる可能性がある

□　少なくとも１ＭＢを超えるファイルは圧縮して送る

□　インターネット上のＷＥＢストレージなども活用する

　　（外部サイトを初めて利用するときは、先輩や上司に確認をしてからにする）

　＊ファイルを添付していることを本文中に明記する

□　本文中に添付ファイルがあることを明記するとファイルを開く可能性が高まる

□　相互確認することで添付漏れのミスコミュニケーションも早期に発見できる

□　「添付ファイルを利用したウイルスではないか」という相手の不安も取り除ける

（４）簡潔な署名を入れる

□　Ｅメールの末尾に送信者の情報を「署名」として挿入する慣習がある

□　署名には、送信者の氏名、会社名、所属、所在地、電話番号、ＦＡＸ番号、メールアドレスを記入する

□　署名は３～６行程度にまとめ、過剰な装飾は控える

□　返信の場合、相手のメール引用文の上に署名を入れることは失礼にあたるため、末尾は簡単に名前と所属を記す程度にする

（５）「誰かに見られる可能性」を考慮し、重要な情報の送信に注意する

□　Ｅメールは、例えるなら封書ではなくハガキのようなものであり、送信してから相手が受信するまでの間で第三者に見られる可能性がある

□　添付ファイルにパスワードを設定した場合、パスワードの通知は、別送するかＥメール以外の方法で伝達する、暗号化するなど情報保護に注力する

（６）ＨＴＭＬメール（太文字や色つきのメール）は避ける

　注）「ＨＴＭＬメール」…本文に文字書式や背景画像などを設定することができるメール

□　ＨＴＭＬメールではデザインの工夫はできるが、相手のメールソフトが非対応であった場合、設定した特殊効果は表示されないだけでなく、表示された結果が"意味不明な文字列"になってしまう恐れがある

（７）携帯電話宛てのメールは、さらに簡潔明瞭な文章にする

□　機種によっては、パソコンと比較して１画面で表示できる文字数が少ない場合が多いため、特に意識して簡潔な文章構成にする

□　改行は少なめに、署名は省略する

（８）送信前に読み返す

□　一旦送信したメールは二度と取り消すことができないと心得、送信前に必ず読み返し細心の注意を払う

ミス・トラブルやクレーム対応は「対面⇒電話⇒メール」の順が基本

手軽にコミュニケーションが取れるからといって
メールに頼りすぎて、言いづらいことをメールで済ませたりしてはいませんか？
安易にメールを多用してばかりいると、周囲からの信頼を損ねてしまうこともあります。

ミス・トラブルやクレームを受けたとき、相手に対して失礼があったときは
「対面⇒電話⇒メール」の順で対応するのが基本
相手や状況に応じて、適切なツールを選択しましょう。

解答例は P.163 へ

こんなときどうする？

この対応、あなたはどう思う？

Q. 通勤電車が事故で止まった。車内で通話ができないのでメールで上司に遅刻連絡をした。

Q. 送信トラブルに備えて、開封確認メッセージをつけてメールを送信している。

Q. お客様からのメールにフェイスマークがついていたので、こちらもつけた。

5．ビジネスEメール本文の構成＜例＞

1）宛て名	株式会社日本　日本太郎様	
2）名乗り	ＡＢＣ商事の山田でございます。	
3）導入の挨拶	いつもお世話になっております。	
4）用件	早速ですが、 先日お問合せいただきました製品についてご報告いたします。	
5）本文	製品の在庫は本日現在以下のとおりです。 ・製品 NO. 12345　　　　在庫3点 ・製品 NO. 56789　　　　在庫12点 なお、在庫状況は流動的なため ご注文の際はできるだけ早めにご連絡いただけますと幸いです。	
6）結びの挨拶	ご検討のほど、よろしくお願い申し上げます。	
7）署名	------------------------------------ ＡＢＣ商事　営業課　山田次郎 　名古屋市中村区名駅1-2-3 　TEL：052-123-4567 　E-mail：yamada@abc.com ------------------------------------	

6．ビジネスＥメール画面構成

※使用するパソコン環境によって表示画面は多少異なります。

| ファイル | メッセージ | 挿入 | オプション |

Calibri 12

B I U abc X₂ x² A

貼り付け

クリップボード　フォント

送信

宛先：　日本太郎様（株式会社日本）；

CC：　〇〇部長；

BCC：

件名　【ご連絡】お問合せ製品在庫状況

📄製品情報.pdf (280 KB)

アドレスは事前に登録してから使用する
登録する際に敬称の"様"までつける
※相手の画面にこちらの登録名が表示される

送信内容を参考に共有したい人のアドレスを
＜ＣＣ＞に入れる
※＜ＣＣ＞は相手の画面にも表示される

本文を推測しやすい件名にする
【　　】に結論となる目的を記載すると
見やすく、伝わりやすい

ファイルが確実に添付されていることを確認する

株式会社日本
営業部
課長　日本太郎様

冒頭で相手の名前と自分の名前を明記する

いつもお世話になっております。
ABC商事の山田でございます。

一行あたりの文字数は、最大３０文字程度を目安に改行する

早速ですが、先日お問合せいただきました2点の製品について
ご報告いたします。

在庫状況は、本日現在以下のとおりです。

段落と段落の間は一行空ける

・製品NO.12345　　在庫3点
・製品NO.56789　　在庫12点

製品詳細を添付いたします。
併せてご確認くださいませ。

なお、在庫状況は流動的なため
ご注文の際はできるだけ早めにご連絡いただけますと幸いです。

ご検討のほど、よろしくお願い申し上げます。

==========================

ABC商事　営業課　山田次郎
名古屋市中村区名駅1-2-3
TEL:052-123-4567/FAX:052-345-6789
E-mail:yamada@abc.com
http://www.abc.efghijklmnop.co.jp

==========================

添付ファイル送信時の注意

～相手側の環境に配慮が必要～

＊大きなサイズのファイルは受け取れるか？

＊圧縮解凍ツールを持っているか？

＊送ったファイルを読むのに必要なソフトがインストールされているか？

注）圧縮ファイルでも送れず、WEBストレージを利用するときは上司・先輩に必ず確認する

注）ファイル添付の旨は必ずメール本文中に明記する

「署名」として送信者の簡潔な情報を挿入する
※あらかじめ自動表示設定をしておく

06 第 2 章ふりかえり

☐　この章で理解できたこと・気づいたこと

☐　この章の内容で難しかったこと・まだ理解が不十分と思われること

☐　この章の学びをふまえて、明日以降に心がけること

第 3 章

対人対応力

01 対人対応力とは

1．コミュニケーション＝対人対応力

コミュニケーションという言葉を聞いたことがあると思いますが、コミュニケーションとは、そもそもどのような意味なのでしょうか？

コミュニケーションの語源はラテン語の「コミュナス」
この「コミュ」という接頭語がつく単語は「共有する」という意味をもっています。

すなわち、
コミュニケーションとは
自分の脳にあるイメージを相手の脳に伝達することではなく、
自分の脳にあるイメージと相手の脳にあるイメージを"共有する"ということ

自分が思うことを一方的に相手に伝えるだけではコミュニケーションとは言えません。
お互いの考えや思いを共有することがコミュニケーションなのです。自分と相手との間に共有点を見つけ出し、共有したことをアイデアとして浮かび上がらせることによって、コミュニケーションは相乗的に深まっていきます。

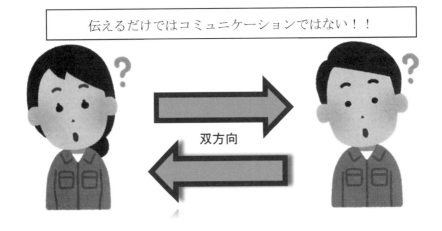

伝えるだけではコミュニケーションではない！！

双方向

互いの考えや思い、情報を"共有"することがコミュニケーション

２．コミュニケーション力チェック

　あなたは常日頃から、職場のみなさんや受講生仲間とコミュニケーションをとれていますか？　設問の各項目の答えがＹＥＳなら評価欄に✓を記入しましょう。

	設問	評価
1	朝は自分から「おはようございます！」と爽やかな挨拶をしている	
2	名前を呼ばれたら「はい」と元気で明るい返事を心がけている	
3	人前でも緊張しすぎずに普通に話すことができる	
4	ききとりやすい声の大きさで話すことができる	
5	見知らぬ人同士でも会話に入っていくことができる	
6	準備をしていなくても、ある程度アドリブで話をすることができる	
7	必要があれば、自分の意見をはっきりと伝えることができる	
8	わからないことはそのままにせず、すぐその場で質問をしている	
9	話す目的を明確にして、内容を整理しながら話すことができる	
10	相手の反応に応じて、話の方向や内容を変えることができる	
11	タイミングよく相手にお礼を言ったり、誉めたりすることができる	
12	まわりとは反対意見であっても、自分の意見を述べることができる	
13	人が話をしているときは、なるべくその人を見るようにしている	
14	人の話をきくときは、まずは相手に最後まで話してもらうようにしている	
15	誰かと話すときは、自分ばかり話さないように周りを見て気を配っている	
16	人の話をきくときは、適度に相づちをうち、きいていることを伝えている	
17	話の内容が納得できたり、理解できたりしたときは、よくうなずいている	
18	話をきいていて大切だと思うことは、自発的にメモをとっている	
19	仕事で誰かと会話しているときは、要所要所で復唱確認をしている	
20	相手になにかを質問するときは、常にクッション言葉を使っている	
21	相手の話し方や表情で、気持ちの変化をすぐに感じ取ることができる	
22	相手がなにを一番伝えたがっているか、ポイントをきちんと掴むことができる	
23	誉められたら、素直にお礼を言うことができる	
24	不機嫌なときでも、忙しいときでも、なるべく声や言葉にマイナスな感情をださないように自分なりにコントロールするよう心がけている	
25	クレームや批判など、相手と対立することがあっても、比較的冷静に話を整理しながら会話を続けることができる	

3．ジョハリの窓

　私たちの姿は実は単一ではなく、4つの側面（窓）を持っているというのは、ジョセフとハリントンという心理学者の説で、ふたりの名前から「ジョハリの窓」と名づけられています。

　下の図の
①「開放の窓」は、　　　　自分も他人もよく知っていること。自然に振る舞える領域。
②「秘密の窓」は、　　　　自分はよく知っているが、他人に対しては隠していること。
　　　　　　　　　　　　他人には不可解で、時に行動も不自然になる領域。（逃避の領域）
③「盲点の窓」は、　　　　他人からは知られているが、自分では気づいていないこと。
　　　　　　　　　　　　他人との間にズレや摩擦が生じる領域。
④「未知の窓」は、　　　　まだ誰からも知られていない自己。可能性を秘めた領域。

　この4つの領域のうち、①の「開放の窓」の領域を広げていくことにより、他人と相互に理解しあうことができ、相手も自分も自由にのびのびと話し合えるようになります。

　そのためには、他人に対して自らが心を開き開放的になることが大切。

　その一方で、自分自身が隠したり偽ったり、逃避している問題を解消することも大切です。
　また、それと同時に自分でも気づいていない領域があるということを認める（自覚する）こともまた大切です。

<table>
<tr><td colspan="2">ジョハリの窓</td></tr>
</table>

		自分は	
		知っている	知らない
他人は	知っている	①開放の窓 開かれた窓	③盲点の窓 気づかない窓
	知らない	②秘密の窓 隠された窓	④未知の窓 閉ざされた窓

開放の窓を広げる

		自分は	
		知っている	知らない
他人は	知っている	①開放の窓	③盲点の窓
	知らない	②秘密の窓	④未知の窓

　　　　　　自分から心を開く第一歩は、まず挨拶
　　　明るく快活な発声と相手の心に寄り添う笑顔で挨拶をしましょう

4．マズローの5段階欲求

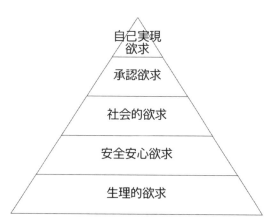

　人間の欲求は5段階あり、下方の欲求が満たされていないとその上の段階の欲求は生まれないとしたのは、アブラハム・マズローの説です。

　生理的欲求が満たされると、人は安心を求め、仲間（所属）を求め、そして仲間から認められたいという欲求を抱きます。

　挨拶をしない、言葉を交わさないということは、相手の存在を認めないことです。

　相手はどんな気持ちになるでしょうか？

　仏頂面をしていたら、相手は安心するでしょうか？

　ビジネスコミュニケーションの具体的なスキルを学ぶ前に、

　あなたにはできることがあります。

　身だしなみや表情、姿勢や態度、言葉、全身を使って相手に思いを伝えることは、相手を認め、相手に心理的な満足感を与えることです。

　つまり、マナーの実践はコミュニケーションの第一歩なのです。

5．コミュニケーションの構造

STEP1	挨拶	相手に関心を持つ	
STEP2	話しかける	言葉（情報）を発信する	＊一方通行
STEP3	会話	言葉を交わす	＊双方向
STEP4	相互理解	会話の回数を増やす	
STEP5	協力・信頼	ディスカッション、関係の親密化	

6．コミュニケーションの種類

バーバルコミュニケーション　と　ノンバーバルコミュニケーション
　　　（言語的）　　　　　　　　　　　　　　　（非言語的）

～人の印象は「言葉以外の非言語的要素で 93%決まる」～

　話し手の印象を決めるには、いくつかの要素がありますが、それらの要素を「言語」と「非言語」でわけた場合、「言語的要素」はわずか7％、実に93%が「非言語的要素」で印象が決まるということがわかりました。

非言語的要素 ノンバーバル	視覚情報（Visual）	見た目・身だしなみ・しぐさ・表情・視線	55%
	聴覚情報（Vocal）	声の質（高低）・速さ・大きさ・テンポ	38%
言語的要素 バーバル	言語情報（Verbal）	話す言葉そのものの意味	7%

＊アルバート・メラビアン（アメリカの心理学者）

Q．考えてみましょう！

　ノンバーバルコミュニケーションとは、具体的にはどのようなものでしょうか？

　これまで学んだことを思い出しながら

　「身体動作」「身体の特徴」の非言語表現の種類を書き出してみましょう。

解答例は P.163 へ

身体動作	
身体の特徴	
接触行動	自分や他人の体に触れる行為（スキンシップ）
近言語	話し癖、音声特徴、感嘆詞、擬音語など
プロクセミックス （近接学）	距離感（対人距離）、パーソナルスペース（空間認知）など
人工物の使用	化粧、洋服、装飾品など
環境	温度、照明、インテリア、建築様式など

02 話す力

1．発　声

① 口を大きく開いて滑舌よく話す
② 明るいトーンで話す
③ 丁度よい声量を見つける
④ 相手が聞き取れるスピードを意識する
⑤ 相手の理解度を考え、「間（ポーズ）」を入れる
⑥ 大切なところは「強調（プロミネンス）」する
⑦ 気持ちを込めて一本調子にならないよう、メリハリ・抑揚をつける
⑧ 語尾は、伸ばさない・上げない・途中で切らない

2．態　度

① 信頼を得る外見「表情、身だしなみ、姿勢」
② 身振り、手振りをくわえる

3．表現力

① 適切な言葉遣いで話す
② 専門用語、略語、横文字の乱用をさける（誰にでも理解できる言葉で話す）
③ 言葉癖に気をつける
④ 用件は2分以内に要約する
⑤ 一文を短く、簡潔にする
⑥ 何が変わるかのメリットを示す
⑦ プラスイメージの表現を使用する
⑧ 言葉と態度を一致させる
⑨ 会話に予想や仮定を含める
⑩ 比較対照となるデータを引用する
⑪ 視覚に訴えるための工夫をする

4．テクニック　　～PREP法とSDS法～

（1）PREP法
PREP法（プレップ法）とは

①Point　　　　結論・ポイント
②Reason　　　理由
③Example　　事例・具体例
④Point　　　　再度結論

の順番で話を展開する手法です。要点がまとまった文章や理解しやすい説明ができます。

Point
私はリンゴが好きです。
Reason
なぜなら、低カロリーでおいしく、ビタミンやミネラルなど栄養が豊富だからです。
Example
例えば、「1日1個のリンゴで医者いらず」とよく言われます。リンゴは消化に優しいだけでなく、中性脂肪を減らしたり、アンチエイジングや便秘解消などの効果も期待できます。
Point
だから、私はリンゴが好きです。

例

（2）SDS法
SDS法とは

①Summary　　　要約（概要）
②Details　　　詳細説明
③Summary　　　まとめ

の順番で話を構成する手法で、読み手に理解され、記憶されやすくなります。

Summary
リンゴがダイエットに効果的であることについてご説明します。
リンゴがダイエットに効果的と言われるのには3つの理由があります。
Details
「低カロリーである」「中性脂肪を減らす」「便秘解消効果がある」の3つです。
まず「低カロリー」ですが、リンゴ1個はおよそ138キロカロリー。一般的な朝食の摂取カロリーは400～600カロリーと言われますので、朝食をリンゴにおきかえるだけで、300～500キロカロリーも摂取カロリーを減らせます。次に「中性脂肪減少」、一般的に果物は中性脂肪を増加させるものが多い中、リンゴは例外的に中性脂肪の上昇を抑制する効果があります。最後に「便秘解消」、リンゴに含まれるペクチンは食物繊維の一種であり、便秘解消に効果があります。
Summary
以上3つの理由により、リンゴはダイエットに効果的だと言われます。

例

---

03 聴く力

1．傾聴

■きく　とは？（聞く、聴く、訊くの違い）

解答例は P.164 へ

2．傾聴のポイント

心で聴く　　　先入観や自分の感情で見えない壁を作らない

身体で聴く　　相手を受け入れる態度、表情を心がける
　　　　　　　心理的な影響力を考慮する
　　　　　　　相づちをうつ

目で聴く　　　相手の様子を観察し、相手の様子に気づく

頭で聴く　　　要点をつかみ、正しい理解をする
　　　　　　　行間を読む
　　　　　　　質問をする

手で聴く　　　メモを取る

3．傾聴の基本

① 　前傾姿勢で相手と向き合い、相手の目を見て話を聴く
② 　相手の話に興味・関心を示す表情で話を聴く
③ 　表情力豊かな相づちや単語復唱で反応しながら話を聴く

４．傾聴のテクニック

返事・相づち・お礼
- ・話のウォーミングアップ手段として会話が順調にスタートする
- ・こまめに相づちをうつことで聞き手の聴く意志を表明できる
- ・表情豊かな相づちで、手軽に共感性を表せる

繰り返しによるフィードバック（復唱）
　相手の発言が短い場合は、同じ単語を繰り返すだけで共感性が高まる。

話の要約によるフィードバック（復唱）
　相手の発言が長い場合は、相手の話を要約し、発言内容を確認しながら聴くことで、認識のズレを妨げる。

心の動きを明確にするフィードバック（復唱）
　相手がなぜこの発言をするのか、その動機や心の動きを汲み取って確認しながら聴くことで、話し手の尊重に大きく繋がる。

共感・受容・承認
　相手の気持ち、考えを受けとめる。
　ｅｘ．ほめる、認める、ねぎらう、自分の感想を述べるなど

関連質問
　相手の話に関連した質問をする。
　相手の話からキーワードを拾い、相手を主語にして質問をする。

５．相づちの種類と効果

①同意を示す相づち	「ええ」「さようですか」「わかります」 「おっしゃるとおりです」
②聞き手の意思を伝える相づち	「はい」「いいえ」
③共感を伝える相づち	「よかったですね」「すばらしいですね」 「すてきですね」「残念でしたね」「大変でしたね」
④発言を促す相づち	「～というふうに考えてよろしいでしょうか」 「それからどうなさったのですか」 「○○さんのご意見はいかがでしょうか」
⑤整理する相づち	「一言でいうと、どのような感じでしたか」 「○○さんのご意見は、AはBということですね」 「・・・と、考えてよろしいでしょうか」

６．質問の種類

５Ｗ３Ｈで質問する

相手は自由に答えることができる

Ｙｅｓ、Ｎｏで答えられる質問をする

相手は答えを二者択一すればよい

７．質問の効果

クローズドクエスチョンを繰り返す

　威圧感や圧迫感を与えるため、質問したこと以上の答えや意見は出てこない。

オープンクエスチョンを繰り返す

　話題は盛り上がり、様々な意見が出てくるが、明確な結論や回答には結びつかない。

クローズドクエスチョンからオープンクエスチョンへ

　初対面の相手や、まだ打ち解けていない相手と話す際に有効。

　初めはクローズドで話題を探り、徐々にオープンで話題を広げていく。

オープンクエスチョンからクローズドクエスチョンへ

　会議や交渉時に有効。

　初めはオープンで自由に意見を述べてもらい、徐々にクローズドで結論を導き出す。

04 合意の形成

1．集団による意思決定　〜コンセンサス（全員の合意）〜

「それってコンセンサスを得た？」ビジネスシーンではよく耳にする言葉です。
さて、このコンセンサスとは一体何でしょう？

　　　コンセンサス（consensus）　：全員、または複数の人による合意・意見の一致

　ビジネスにおいて自分と他人の意見が異なることは多々あります。全員が自己主張ばかりしていては、仕事は前に進みません。しかし一方で、納得がいかないまま多数決で押し切られてしまっては、少数派には不満が残るだけです。
　コンセンサスとは、自分の考えや意見を持ったうえで、相手の考えを受けとめ、受け容れること、「チームのために」を主眼に選択すること、話し合いで集団の意思決定をすることです。

2．コンセンサスゲーム　「砂漠で遭難したら？」

　今から、集団での意思決定をシミュレーションしてみましょう。
　このゲームの目的は、グループで話し合い、「コンセンサス（合意）」を得ることです。

◆ゲーム説明

> 1．これから行うのは、砂漠に遭難したメンバーが、不時着した飛行機の中から見つけた12個のアイテムの重要度についてコンセンサスを求めるゲームです。
>
> 2．次ページの「設問」を読み、まず個人で12の品物に優先順位をつけてください。
> 理由も含めて15分間で記入してください。
> ただし、考えている間は他の人と話さないように気をつけてください。
> 記入しているページをグループのメンバーに見せないようにしてください。
>
> 3．グループ全員で話し合ってグループとしての優先順位をつけてください。まず、グループメンバー全員が「自分の意見」を発表してください（理由も含めて）。
> その後、チームで話し合いながら全員で1つの結論を導いてください。
> 意見が対立することもあると思いますが、それを多数決や諦めではなく、話し合って、グループのメンバー全員の合意（コンセンサス）を得てください。

◆設問

～シチュエーション「砂漠で遭難したら？」～

　7月中旬のある日、午前10時ごろ、あなた方が乗った小型飛行機は、アメリカ合衆国の南西部にある砂漠に不時着しました。不時着した際、飛行機は大破炎上、操縦士と副操縦士は焼死しましたが、あなた方は奇跡的に大きな怪我もなく無事でした。

　不時着はあまりに突然で、無線で救援を求める時間もなく、また現在位置を知らせる時間もありませんでした。しかし、不時着する前に見た周りの景色から、あなた方は飛行プランに示されているコースから約100km離れた所にいることがわかっていました。また、操縦士は不時着前に、最も近くの居住地は約110km南南西にあることだけをあなた方に告げていました。この付近は平坦で、サボテンが生えている他は不毛の地域です。不時着直前の天気予報では、気温は約43℃になるだろうと言っていました。それは、地表に近い足もとでは50℃にもなるだろうことを意味しています。あなた方は、軽装（半袖シャツ、ズボン、靴下、タウンシューズという服装）で、各々、1枚のハンカチとサングラスを持っています。また、全員で8ドルばかりの小銭と100ドルの紙幣、1箱のタバコとボールペンが1本あるのみです。ただ飛行機が燃えてしまう前に、あなた方は次の12の品物をかろうじて取り出すことができました。「まずは、どれが重要なアイテムなのかを見極めよう。」あるメンバーが言いました。「冷静に判断するため、まずは各自で考え、最後に全員で話し合おう。」

　あなた方の課題は、まずこれらの12の品物を、あなた方が生き残るために最も重要と思われるものから順番に、1から12までの順位をつけることです。生存者は、あなた方のチームのメンバーと同数であり、またみんなが協力し合うことを同意しています。

12アイテム	・懐中電灯（乾電池が4つ入っている）
	・ガラス瓶に入っている食塩（1,000錠）
	・この地域の航空写真の地図
	・1人につき1リットルの水
	・大きいビニールの雨具
	・「食用に適する砂漠の動物」という本
	・羅針盤
	・1人1着の軽装コート
	・弾薬の装填されている45口径のピストル
	・化粧用の鏡
	・赤と白のパラシュート
	・約2リットルのウォッカ

◆個人ワーク

あなた個人の考えを書きましょう。生き残るために、最も重要と思われるものから順番に1から12までの順位をつけ、その理由を書いてください。

アイテム	順位	理由
懐中電灯 （乾電池が4つ入っている）		
ガラス瓶に入っている食塩 （1,000錠）		
この地域の航空写真の地図		
1人につき1リットルの水		
大きいビニールの雨具		
「食用に適する 　砂漠の動物」という本		
羅針盤		
1人1着の軽装コート		
弾薬の装填されている 45口径のピストル		
化粧用の鏡		
赤と白のパラシュート		
約2リットルのウォッカ		

◆グループワーク実施のルール

コンセンサス（全員の合意）へ導くために、以下のルールを守りましょう。

1．今、あなたが決めた順位は、あなた自身のものです。

たとえ自信がないと思うことがあっても、遠慮せず、自分の考えや気持ちをグループの仲間に伝えましょう。

2．自分の意見を変えるときには、納得をして変えましょう。

安易な妥協は、グループ活動の成果を低いものにしてしまいます。

3．ただ単に「アイツだけには負けたくない」という気持ちで行う無意味なやりとり（けなし合いや足の引っ張り合い）は避けましょう。

4．仲間の意見を十分に聞いて、自分なりに納得し、目的のために自説を変える快感も味わってみましょう。

5．話し合いの過程で、沈黙や言い合いするという場面も出てくるかもしれません。

そんなときは小さな勇気を奮い起こして、放棄したり、逃げたりせず、目の前の状況に正面から向き合いましょう。

◆グループワーク進行のルール

1．まず、グループメンバー全員が決めた順位とその理由を発表してください。

2．ページの表にメンバーの氏名と各アイテムの順位を記録してください。（自分も含め）

3．次に、チームで話し合いながら全員で1つの結論を導いてください。

4．意見が対立することもあると思いますが、多数決や諦めではなく、話し合って、グループメンバー全員の合意（コンセンサス）によって決定してください。

5．制限時間は30分です。

6．終了後、代表者にグループで決めた順位とその理由を発表していただきます。

※1の欄に自分の順位を書きましょう。※2〜6の下にメンバーの名前を書きましょう。

アイテム	1 自分	2	3	4	5	6	グループ決定
懐中電灯（乾電池が4つ入っている）							
ガラス瓶に入っている食塩（1,000錠）							
この地域の航空写真の地図							
1人につき1リットルの水							
大きいビニールの雨具							
「食用に適する砂漠の動物」という本							
羅針盤							
1人1着の軽装コート							
弾薬の装填されている45口径のピストル							
化粧用の鏡							
赤と白のパラシュート							
約2リットルのウォッカ							

◆ふりかえり　＜個人＞

以下の設問に沿ってワークのふりかえりを記入しましょう。

1．あなたはどの程度自分の考えを主張できましたか？

2．あなたは他者の話を聴くとき、どのようなことを心がけましたか？

3．グループはどの程度コンセンサスがとれましたか？

4．コンセンサスによる意思決定をしてみてどのように感じましたか？

5．あなたが自分の意見を変えたとき（あるいは変えなかったとき）、誰のどのような行動
　　や言葉に影響を受けましたか？

6．自分や他者の言動で何か気づいたことはありますか？

◆ふりかえり　＜グループ＞

うまくいった要因はどのような点でしょうか？

うまくいかなかった要因はどのような点でしょうか？

今後どのような点を心がけていくとよいでしょうか？

05 クレーム対応

1. クレームとは

◆クレームは『ありがたいご意見』

　クレームが発生するのは、お取引先（お客様）が「言えば、善処をしてくれる」と期待しているからであり、その根底には「今後も関係を続けたい」という意識が内在しています。

　否応なく取引を停止するという措置を講じるのではなく、ご意見をいただけることに感謝し、まず『ありがたい』と、受けとめる姿勢や態度が大切です。

◆クレームは『災い転じて福となす』

　誠意をもって適切にクレームに対応すれば、相手は怒りを喜びに変え、周囲の人にも「良い情報提供（評価）」をしてくれます。一方、クレームへの対応が不十分であると、相手の怒りは収まらず、周囲へ「悪い情報提供（評価）」をします。対応如何で、マイナスからプラスへ転じ、大きなビジネスチャンスにつながる可能性があります。

◆クレームは『貴重な情報源』

　クレームが発生した原因を調査し、改善することで品やサービスの品質向上に繋がります。クレームは会社にとって、貴重で重要な情報源です。

◆クレームは『必ず発生する』

　クレームは「相手の期待水準」を大幅に下回ったときに発生します。期待水準を下回ると「不満」が生まれ、不満が積み重なり、相手の期待が完全に裏切られ、我慢が限界に達したとき「クレーム」が発生するのです。

　では「期待水準」はどのように推し量ればいいのでしょうか。人は千差万別。人によって多種多様な「期待水準」があり、すべての人を満足させるのは不可能です。またクレームの中には、自社にまったく非のない「相手の思い込みによるクレーム」も存在します。クレームは必ず発生するという前提に立ち、動揺し、慌てたり、怯えたりすることなく、冷静に適切に対処しましょう。

上司からあなたへのクレーム＝すなわち、ご苦言やお叱りも同じです！

　あなたに期待してくれているから、苦言を呈してくれているのです。お叱りをうけたときに、心からの謝罪、感謝し謙虚に聴く態度、迅速な改善行動に努めることで、上司のあなたへの評価はマイナスからプラスへ転じることでしょう！

　働いていて誰からも一度もお叱りをうけたことのない人はいません。

　叱られたことに動揺し、慌てたり、怯えたりせず、『気づかせてもらえたこと』に感謝し、改善に努めましょう！

２．クレーム対応の流れ

ＳＴＥＰ１：お詫び（心情理解）

「ご不便をおかけして申し訳ございません」

「ご不快な思いをさせてしまい申し訳ございません」

「ご迷惑をおかけして申し訳ございません」

・事の真偽にはかかわらず、相手が不快な思いをしたことに対してお詫びをする

・相手の心情を理解し寄り添う

・言語表現だけでなく、非言語表現に重きをおいて全身で相手の心情に寄り添う

注）私の担当ではない、自分は関わっていない、私は知らない、は通用しない！！！

　　勤務時間内のあなたの言動は、すべて会社を代表する言動です。

　　クレーム内容がたとえあなたの担当外であったとしても、

　　相手が不快な思いをしたことに対して、まずは会社を代表してお詫びしましょう。

ＳＴＥＰ２：事実・状況の確認（原因解明）

「詳しくお話をお聞かせいただけますでしょうか？」

「メモをとらせていただいてもよろしいでしょうか？」

・一刻も早く解決すべく、最大限の努力を払う意思があることをわかっていただく

・事実を正確に把握するため、どんな些細なことでもすべて記録（メモ）する

ＳＴＥＰ３：解決策・代替案の提示

「〜が原因と思われますので、さっそく対策を講じます」

「今後は同様のことでご迷惑をおかけしないよう、〜を実行してまいります」

「本件は、社内全体で共有し再発防止に努めます」

・正確な事実確認のうえ調査検討し、できるだけ早く「解決策」や「代替案」を提示する

・一方的な通達ではなく、最後まで相手の心情に寄り添い、相手側に立って話を進める

ＳＴＥＰ４：再度のお詫び・感謝

「この度は、貴重なご指摘をいただき、誠にありがとうございました」

「より一層努力してまいりますので、今後ともよろしくお願いいたします」

・信頼低下から信頼回復へ、最後まで誠意をもって対応する

・『貴重な情報』をいただいたことへ、心から感謝し、お礼を申し上げる

3. 三変主義

◆興奮している相手には『三変主義』

　相手が極度な興奮状態にあると、どんなに誠心誠意対応しても気持ちに収まりがつかない場合もあります。そんなときは、以下の3つを変えてみましょう。

① 人を変える

　人を変えることで相手は冷静になることが多く、特に、クレームを起こしてしまった当事者より、上位の者が対応することでスピーディに解決することも少なくありません。

② 場所を変える

　応接室など別の場所にご案内する。場所を移動すると、相手の興奮がすーっと収まる場合が多いと言われています。

③ 時を変える

　時間をおくことは相手の興奮を収めるには最も効果的な手段です。「明日の〇時までにご返答申し上げます」など、期限を定めて一旦お帰りいただく（電話を切る）と、翌日には立腹がおさまっていることもあります。

注）ただし、すぐ対処できることを先延ばしにするのは厳禁です！

> **クレームを起こさないためには仕事力を磨くこと！**
>
> 　相手の期待値は千差万別とはいえ、会社から期待されている正確で誠実な仕事をしていれば、あなた自身がクレームを引き起こすことは殆どないでしょう。
>
> 　そのためには、仕事力です！
> 　会社の一員（企業人）として、必要とされるスキルを磨きましょう。
>
> 　業務遂行能力（知識と技術）、そしてビジネスマナーが大切です。
>
> 　　　　　　　　　　　　　　　　P.10-11を見直しましょう！

06 第3章ふりかえり

☐　この章で理解できたこと・気づいたこと

☐　この章の内容で難しかったこと・まだ理解が不十分と思われること

☐　この章の学びをふまえて、明日以降に心がけること

第 4 章

セルフマネジメントと
報告のための論理的構成術

01 印象管理トレーニング

いよいよ最後の章となりました。ここまで学んできたことは実践できていますか？
　マナーは、技術です。技術はトレーニングを行えば、必ず身につきます。身につくとは無意識レベルで行うことができる状態です。

1．印象は自分で管理する

職場に初出勤した日、あなたは周りの方にどんなイメージを与えたいですか？
　「やる気がある新人が来たな、期待ができそうだな」と好意的に迎えてもらう。「やる気なさそうだな、教える気がしないな」と不安や懸念を与えてしまう。どちらが自分にとってプラスでしょう？

　印象を自分で管理し、自分にとって居心地のいい環境を、自らの力でつくりだしていきましょう。

なぜ印象は大切なのか？

・第一印象は3〜7秒で決まる　（＊1）
・言葉以外の非言語的要素で_____％決まる　（＊2）
　見た目55％＋音声情報38％＝_____％　（言語7％）
・印象は目立つ特徴に引きずられる　（＊3）
　1点の目立つ長所にそれ以外の評価も引きずられ肯定的になる
・最初に受けた印象が、その後の印象にも影響を与える（＊4）

解答はP.164へ

印象は最初が勝負！もし第一印象で悪い印象を与えたら？
　初頭効果によって刷り込まれたイメージをくつがえすには、多くの時間が必要な場合がある。

（＊1）諸説有り
（＊2）メラビアンの法則
（＊3）ハロー効果／Halo＝後光
（＊4）初頭効果

2．セルフブランディング（自分をプロモーションする）

あなたという新入社員を「商品」と捉えてみましょう。

あなたという商品を高い価値で世間＝職場に認知してもらうためにはどうしたらいいのでしょう？

あなたは職場のみなさんに、どんな自分を知ってもらいたいですか？

ネガティブな情報より、ポジティブな情報を認知してもらえた方が、あなたにとって居心地のいい環境をつくりだせることは、これまで学んできたとおりです。

ただし、ポジティブな情報を与えようとするあまり「いかによく見せるか」に重きをおくと、思っていた商品と違うという不満足になってしまいます。過大広告はNGです。

あなたという商品を、ありのまま客観的に見つめてみましょう。

あなたという商品のウリはなんでしょう？

あなたという商品ついて、考えてみましょう。

◆自分を知る

わたしの強み　＊3つあげてみましょう（単語でOK）

わたしの弱み　＊3つあげてみましょう（単語でOK）

次に、弱みをできるだけポジティブな表現に言い換えてみましょう。

あなたという商品のウリをひとことで言うと？

商品「あなた」

◆自分の印象を知る

仲間の印象を次の手順で伝えあいましょう。

① **ポジティブな印象とその非言語的要素**

　　伝え方のルール

　　「○○という印象を受けました。○○なところからそう感じました。」

② **ネガティブな非言語的要素とその要素がもたらす印象**

　　伝え方のルール

　　「○○なところは、○○という印象に繋がってしまうかもしれないと感じました。」

③ **ネガティブな要素の改善提案と改善を行った場合に予想できるプラス印象**

　　伝え方のルール

　　「○○を○○のように改善すると、印象が○○のように好転すると思います！！」

注意）要因・要素は非言語要素のみ

非言語的要素	視覚情報（Visual）	見た目・身だしなみ・しぐさ・表情・視線
ノンバーバル	聴覚情報（Vocal）	声の質（高低）・速さ・大きさ・テンポ

仲間からもらった自分の印象をメモしておきましょう。

①

②

③

◆印象管理の自己課題と改善策

　自分が思う自分、そして他者から見える自分を知りました。あなたという商品のウリを納得させるような印象を演出できていたでしょうか？

　買い物するときをイメージしてみましょう。商品の見た目、佇まい（あるさま）、機能、そしてそれらと価格のバランスをチェックするのではないでしょうか？
　あなたの見た目や佇まいは、あなたのウリとバランスがとれていますか？

　仲間からもらった印象を参考に、印象管理の自己課題と改善策を書き出しましょう。
＊最優先事項

自己課題　＊３つあげてみましょう（箇条書きでOK）

改善策　＊上の３つそれぞれの改善策を書き出してみましょう（箇条書きでOK）

◆印象を管理して自己紹介をしてみよう

　これまで学んできた技術を発揮して、配属初日を想定した自己紹介をしてみましょう。

＊挨拶例

「おはようございます。
　新入社員の○○○○と申します。
　わたくしのセールスポイントは、○○○○○○○です。
　一日も早く戦力となれるよう、なにごとも積極的に自分から学びの姿勢で臨みます。
　ご指導よろしくお願いいたします。」

02　問題解決技法

1．問題を解決する・問題は解決できるという心構えをもつ

　業務ではすべてが順調に進むとは限りません。困ったことや問題が生じたときは、上司や先輩に速やかに相談をしましょう。相談するときは自分なりの意見をもって臨むことが大切です。「問題は必ず解決できる」という心構えをもち、どうしたら解決できるかを自分なりに考える習慣をつけましょう。

2．自責の思考をもつ

　問題が生じたときは、環境や他者に要因を探すのではなく、起きたことをどのように解決できるか、自分になにができるかを考えましょう。

　「仕事がうまくいかない」「人生が思い通りにならない」「人間関係がよくない」
　何か不都合なことが起こるたびに、原因を自分以外のところから探すことを「他責」といいます。「景気が悪い」「会社のサポートが悪い」「あの客が悪い」「上司のせい」と、自分以外の他者や物や状況に責任転嫁をしても、その問題自体の解決には繋がりません。

　「自責」の思考＝自らが変えられる、という思考を持ちましょう。自分になにができるかを考え、自分自身で選択し、プロセスも結果もすべて自分の責任として受けとめる思考を習慣化させましょう。

　ただし、なにもかも自分が悪いと考えるのが自責の思考ではありません。
　他者や環境に要因があったとしても「今置かれている状況を自分の力で変えられる」と考えるのが自責の思考です。自分を責め、自己否定することは避けましょう。また明らかに自分に原因がある場合も、自分が悪い、自分はダメだ、と過去の一時点に留まるのではなく「よし！この状況をどうしたら変えられるだろうか？」と、解決策を探す未来思考に切り換えましょう。自らが変えられるという、前向きで素直な心で、上司や先輩に相談し、アドバイスを仰ぎましょう！

Q．他責思考の例を自責思考で捉えなおしてみましょう

1）ミスをした。サポートをしてくれなかった上司が悪いのだから仕方がない。
（　　　　　　　　　　　　　　　　　　　　　　　　　　　　　　　　　　）

2）時間内に業務が終わらなかった。新人なのだからできなくても当然だ。
（　　　　　　　　　　　　　　　　　　　　　　　　　　　　　　　　　　）

3）渋滞で遅刻をした。自分のせいではない。
（　　　　　　　　　　　　　　　　　　　　　　　　　　　　　　　　　　）

4）部門の目標が達成されなかった。新人の自分には関係ない。
（　　　　　　　　　　　　　　　　　　　　　　　　　　　　　　　　　　）

解答例は P.164 へ

3．当事者意識をもつ

当事者意識は、「自分がその事柄に関わっている人間だ」と認識することです。

一方、当事者の対義語（反対の意味の言葉）は傍観者です。傍観者とは、評論家やコメンテーターのように、意見を述べるだけで自らは行動しないひとです。

当事者と傍観者の違いは「行動」するかしないか。当事者意識のある人は、目の前で問題が起きたら、自責の思考で自ら行動します。行動することで、意識が変わり、意識が変わると現実も変わります。常に行動する人は、行動が習慣化され、めざましいスピードで成長します。

仕事には責任感（自分の役割を最後まで全うする意識）も不可欠です。ただし、責任感は、そもそも当事者意識のない人には生じることすらありません。なぜなら、当事者意識のない人は、自分が関わっているという意識がないため、果たすべき自分の役割とすら思っていないからです。当事者意識こそが自分の役割を果たそうという責任感を生み、自責思考で行動し続けることこそが成長に繋がるのです。

◆当事者意識に繋がる３姿勢
① 自責の思考
自らが変えられるという気持ちで、常に自分になにができるかを考えることが新しい行動を生み出す。

②　最後までやりきる

　目標や課題は途中で投げ出さず、最後まで取り組む。ＰＤＣＡの軌道修正はもちろんＯＫ。でも決して投げ出さない。やりきる。今日より明日、明日より明後日、今より少し頑張る、の繰り返しが新しい自分を創る。

③　主体的に行動する

　自主性とは、決まった物事に対して自ら率先して行動に移すこと。主体性とは、自ら問題を発見し解決に向けて考え、行動に移すこと。理想論を述べる、原因探しで終わるのではなく、まず自分にできることをやってみる。主体的に行動し続けることが、自己成長に繋がる。

> **Q. 当事者意識で考えてみましょう**
> 「明日の会議の議事録作成をお願いします」と指示を受けました。なにをしますか？

4．情報を整理する

　問題の解決は、情報を整理して真因を見つけ出すことが大切です。

　熱がある→解熱剤を服用する、これは真の問題解決ではありません。起きた事態に対処したに過ぎません。問題を繰り返さない＝真の問題解決のためには、なぜ熱が出たのか要因を明らかにし根治すること。そして、その要因を再び生じさせないように、日々の生活をどのように管理するかを明らかにし、実行することが必要です。

　なぜこの問題が起きたのか？「WHY」
　どうしたらこの問題を解決できるのか？「HOW」

　新入社員であるみなさんは、問題全体の解決をするには、経験や知識に不足があるのは当然です。まず「WHY」で原因を探り、「HOW」で自分にできることを考え、上司に相談するために、情報整理の仕方を学びましょう。

◆情報を言い換えて具体化する

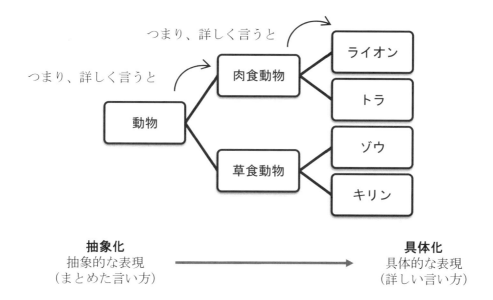

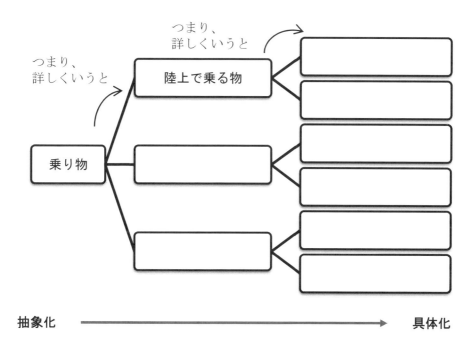

解答例は P.165 へ

◆情報を言い換えて抽象化する

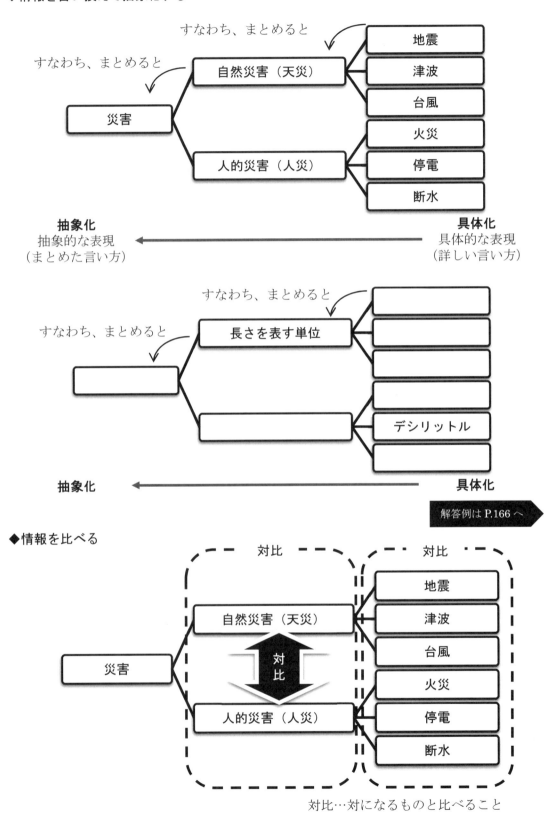

解答例は P.166 へ

◆情報を比べる

対比…対になるものと比べること

◆因果関係（原因と結果の関係）をたどる　「WHYツリー」

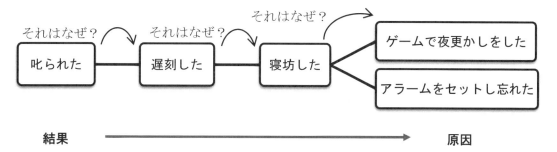

それはなぜ？

| 叱られた | → | 遅刻した | → | 寝坊した |

それはなぜ？

それはなぜ？

ゲームで夜更かしをした

アラームをセットし忘れた

結果 →→→→→→→→→ 原因

◆因果関係（原因と結果の関係）をたどる　「HOWツリー」

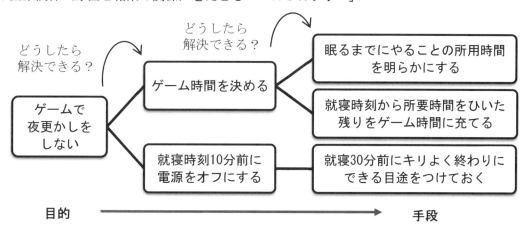

どうしたら
解決できる？

どうしたら
解決できる？

どうしたら
解決できる？

ゲームで
夜更かしを
しない

ゲーム時間を決める

就寝時刻10分前に
電源をオフにする

眠るまでにやることの所用時間
を明らかにする

就寝時刻から所要時間をひいた
残りをゲーム時間に充てる

就寝30分前にキリよく終わりに
できる目途をつけておく

目的 →→→→→→→→→ 手段

　具体化や抽象化をしながら、因果関係をたどることで問題の真の要因や、解決方法を探ります。このとき使う図は、ツリー図と呼ばれます。

　ツリー図は、左右どちらからたどってもOKです。筋道がとおっているか、対比にモレやダブリはないかを確認しながら作りましょう。

＊ツリー図

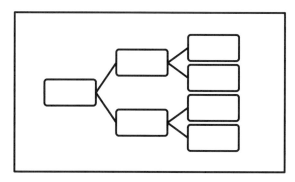

◆ツリー図を書いてみましょう

　115ページに書き出した自己課題のうち、ひとつを選び、原因と解決方法をツリー図にして、具体化しながら辿ってみましょう。

原因

解決方法

解答例は P.166 へ

03 セルフマネジメント

1．新しい環境への適応

　印象管理で居心地のいい環境を自らつくりだし、自責思考、当事者意識をもって常に自分から行動し続け、問題が生じたら、自分なりに因果関係をたどってみることができれば、きっとあなたは自分自身の力でキャリアを築いていけるでしょう。

　しかし実務が始まると、多くの新入社員が、一日も早く業務を覚え信頼を勝ち取ろうと自分の本来の力以上に頑張ってしまい、結果として大きなストレスを抱えてしまう傾向があります。最悪の場合には、心身に不調をきたしてしまうこともあります。

　新しい環境に適応するコツは「誰でもつまずくのだ」と知っておくことです！

◆リスガードのU字曲線

　下図は、異文化交流の研究で有名なリスガードが提唱した「人が新しい環境・文化に適応する際に経る4段階の過程」

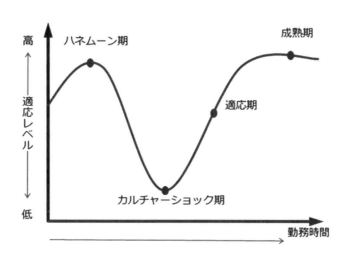

第1段階：ハネムーン期（旅行者の時期）

環境の変化が新鮮で何をやっても刺激的で楽しい時期。本来の力以上に活動的になりがち。

> 無理を無理と気づかず、自分のキャパシティ以上に頑張る
> 精一杯自分なりに頑張るので、自分自身では新しい環境にうまく適応していると思っている

第２段階：カルチャーショック期（葛藤期）

徐々に慣れてくると同時に、嫌な部分が見えてきて幻滅する時期。

それまで蓄積した疲れやストレスが表出して不適応を起こす。

> 上司や同僚と付き合っていくうちに相手の嫌な部分も見え始め、相手のことを勝手に評価し、相手のことが理解できない、私とは合わないという思いに陥る
> また第１期に本来以上の力を出した反動で疲れやストレスが表出し、心身に不調をきたし「この仕事は自分には合わない」と感じ始める人もいる

第３段階：適応期

新たな環境にも慣れて、受け容れることができるようになる時期。

第４段階：成熟期

環境への適応がほぼ完成し不安やストレスが消失する時期。

さらに新しい変化を受け容れる土壌ができる。

> ある程度月日が経つと自分に余裕ができ、積極的に行動することで自信も生まれ、周りからの評価も高まり、職場での自分の役割も確立されていく

２．葛藤期を乗り越えるコツ

◆無理に問題解決を急がない！

「適応期を迎えるための準備期間として誰にでも起こる葛藤の時期」

おおらかに心に余裕をもって過ごしましょう。

　心身が疲れ、不調をきたしている時期は、思考パターンも普段と異なってしまっています。視野が狭まり、無理に問題解決を急ごうとすると「退職するしかない」という思考に陥りがちです。

　　　誰にでも起こる葛藤の時期、この時期を過ごさない人はいない

　　　この時期を抜けたら、適応期、成熟期が来る

　　　そうなれば、仕事の成果も出て、評価もされて、自分の居場所もできる！

　と、おおらかな気持ちで過ごしましょう。

◆不調のサインを見逃さない！自分のストレスサインを知る！

　気持ちが落ち込む、イライラする、眠れない、食欲がない、疲れやすいといったときは早めに休息をとり自分自身をケアしましょう。

　また、人それぞれ特有のストレスサインもあるでしょう。たとえば、疲れるといつも歯が痛

くなる、腰が痛くなる、耳鳴りがするなど、自分特有のストレスサインを知っておくことも大切です。

その他に重要なサインは『おっくう』感です。朝起きても着替えられない、化粧ができないなどの『おっくう』な感じや、みんなと一緒にいるのが『おっくう』に感じる、最近なんとなく『おっくう』でいつもしないミスばかりをしてしまう、など。

これらのサインに気づいたとき、なんだか不調だな、もしかしたら自分はストレスを感じているのかな、と思ったときは、十分に休息をとり気分転換をするなど、早めに自分自身をケアしましょう。

◆疲れをためこまず、リラックスできる時間をもとう！

食欲不振や過食、寝つきが悪い、夜中に目覚めてしまう、などの不調はどれも自律神経のバランスの乱れが絡んでいます。そんなときに大切なのは、生活習慣を整え、健康を管理することです。バランスの取れた食事や良質な睡眠、適度な運動の習慣は健康維持の基本です。

大事なのは「栄養、休養、睡眠」です。休暇はしっかり休みましょう。真面目な人ほど『身体に良いことを』と、無理にジムに行ったりしがちですが、『やった方がいいこと』や『やるべきこと』ではなく、『やりたいこと』をしましょう。

ゆっくりと腹式呼吸をする、ぼんやりと窓の外を眺める、ゆったりお風呂に入る、軽くストレッチする、好きな音楽を聴く、など。気軽にできることで、あなたなりのリラックス方法を見つけておきましょう。

3．ストレスと上手に付き合うコツ

◆視点を変えてみよう！　「リフレーミング」

人はそれぞれ、自分の経験や考え方に基づき「ものごとを見る視点＝フレーム」を持っています。同じ出来事を体験しても、ある人にとっては最良の体験となり、またある人にとっては、最悪の体験となる。それと同様に、同じ人物を見ても、人によって評価は異なります。その人の良い面を見ている人もいれば、悪い面を見ている人もいるからです。

対象が同じであっても、とらえ方やものの見方が違えば受けとめ方は変わってくるのです。

この物事のとらえ方やものの見方のことを「ものごとを見る視点＝フレーム」と呼びます。

あなたは、右の絵（コップ半分の水）をどのようにとらえますか？

　否定的な考えや、苛立ち、気分が落ち込むような感情ばかりがわいてくるときは、対象となる出来事や人に対しての「見る視点＝フレーム」を一旦外して、別のフレームで見てみましょう。このようにフレームを変えることを「視点を変化させる＝リフレーミング」と呼びます。

「リフレーミング」をしてみましょう！　　　　　　　　　　　　　　　　　解答例はP.167へ

　　１）優柔不断な上司
　　（　　　　　　　　　　　　　　　　　　　　　　　　　　　　　　　　　　　）
　　２）意思が弱い先輩
　　（　　　　　　　　　　　　　　　　　　　　　　　　　　　　　　　　　　　）
　　３）細々といつも口を出してくるリーダー
　　（　　　　　　　　　　　　　　　　　　　　　　　　　　　　　　　　　　　）
　　４）主任に厳しく叱られてしまった…
　　（　　　　　　　　　　　　　　　　　　　　　　　　　　　　　　　　　　　）
　　５）定時になるのにまだここまでしかできていない…
　　（　　　　　　　　　　　　　　　　　　　　　　　　　　　　　　　　　　　）

◆尊敬する人物の頭で考えてみよう！　「モデリング」

　尊敬する人、憧れる人はいますか？あなたの周りに人格的に尊敬できる人や、仕事がよくできて憧れている人がいたら、「その人だったらどうするだろうか？」と考えてみましょう。

　自分の頭だけで考えていると思考が偏りがちです。困難な場面に遭遇したときやどうしたらよいかわからなくなったとき、「他人の頭」を借りて考えてみましょう。他人の頭で考えることで、他の選択肢が見えてきます。その人が今の自分の立場だったらどう行動するかを想像し、実際にそのように振る舞ってみましょう。

　他人の行動を観察して模倣する（真似する）ことによって、行動パターンの学習を目指すことをモデリングといいます。これは、カナダの心理学者アルバート・バンデューラの社会的学習理論に基づいています。
　モデルの対象は、実在する人物だけでなく、映画や漫画、アニメの登場人物でも構いません。

　あの人だったら、どうするかな…
　あの人だったら、こんなときはきっとこう考えるだろう…
　そしてあの人は、きっとこんな風に行動するだろう！

　尊敬する人の行動パターンを真似て実行することで、好ましい行動が好ましい信念をつくり、好ましい信念が好ましい現実をつくりだします。

アルバート・バンデューラの社会的学習理論

社会的学習とは、特定の文化に所属する人が他人の影響を受けて、所属する文化で適切な態度、習慣、価値観、行動などを身につけていくことです。また社会的学習理論とは、社会的学習について、直接の体験だけでなく、むしろ他人の行動を意識的に観察し、マネすること（モデリング）で成立するという理論です。

つまり、学習者に直接的な強化がなされなくても、他者が強化されているのを観察するだけで他者の行動が学習される「観察学習」「モデリング」の過程が社会的学習です。

◆だれかに話そう！

困ったときやつらいときに話を聴いてもらうだけでも、気持ちが楽になることがあります。人に話すことで客観的に自分の思考が整理でき、解決策が見つかることもあります。相談に乗ってもらえたという安心感も気持ちを落ち着かせるでしょう。友人、家族、同僚、地域や趣味の仲間など、日頃から気軽に話せる人を増やしておきましょう。

ときには愚痴や怒り、心の内にある様々な不安、イライラ、苦悩などのネガティブな感情も、言葉にして表現することで、その苦痛が解消され、安堵感や安心感を得ることができます（カタルシス効果「心の浄化作用」）。

ただし、話す相手を選びましょう！利害関係のない人で、叱責や説教をする人ではなく、『本当だね、わかるよ』とあなたの気持ちに寄り添い傾聴してくれる相手を選びましょう。

第三者機関を活用するのもよいでしょう。医師やカウンセラーなどの専門家だけでなく、地域の精神保健福祉センター、保健所、職場の健康管理センター、自治体の相談所など、相談できる場所はいくつもあるのです。

04 論理的構成

1．期待に応える新入社員

いよいよ本書での学びも終盤です。集大成として職場での自己紹介に磨きをかけましょう。

例えば、全社朝礼で3分間スピーチする機会を得ました。全社に自分を知ってもらうチャンス！あなたはどんなスピーチをしますか？

周囲の期待に応えるあなたであることを非言語表現で印象管理し、聴衆のニーズに応える内容で、筋道をたてて発表しましょう。

◆周囲の期待を知る　＜ニーズの把握＞

　期待に応えるためには、どのような人にどのような期待をされているのかを把握する必要があります。

　Q．配属部門の方、他部署の方、上司…あなたの周りにはどんな人がいますか？

解答例は P.167 へ

　Q．周囲の方はあなたにどんな行動を期待しているのでしょう？

＊記入のルール

「○○から、○○を期待されている」と、主語述語のある文章で書きましょう。

　同じ主語でも述語が変われば、別の一文で書いてください。（箇条書きでOK）

◆期待に応えるためには何が求められているか　＜課題抽出＞

　期待が明らかになりました。続いて、それらの期待に応えるためにはどうしたらいいかを考えてみましょう。様々な人たちから複数の期待があります。その中で共通して求められていることは何かを見つけましょう。

＊共通項（仲間）を探して、まとめる＝抽象化
　＜例＞

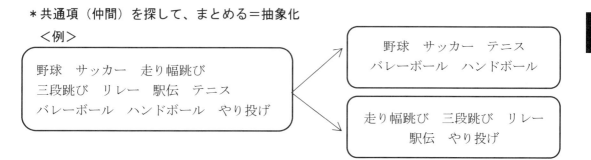

＊まとめたら、言い換えてラベルをつける

＊ツリー図を書いて集約ラベルをつけてみる

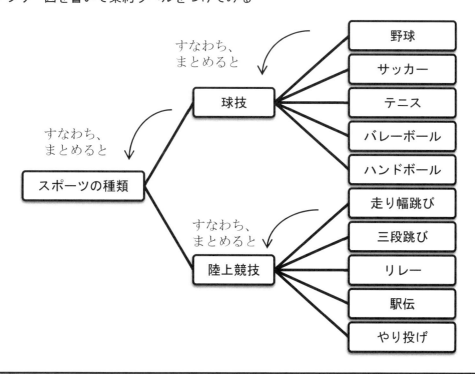

129ページの例を参考に、様々な人たちからの複数の期待の中で共通して求められていることは何か？　集約ラベル＝課題を見つけましょう。

解答例は P.168 へ

◆期待に応えるためにはどうすればいいか　＜問題解決＞

　周囲から共通して求められていることは何かが明らかになりました。期待に応える＝その問題を解決するためにはどうしたらいいか？「HOWツリー」を使って考えてみましょう。

＊HOW因果関係をたどる
＜例＞

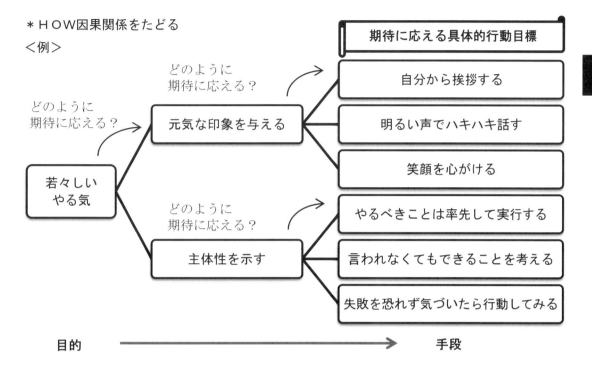

　130ページで明らかになった課題をどのように解決するか、上の例を参考に具体的な行動目標を立てましょう。枠の数に制限はありませんが、今回はスピーチ準備として期待に応える具体的行動を4〜6程度は出しておきましょう。

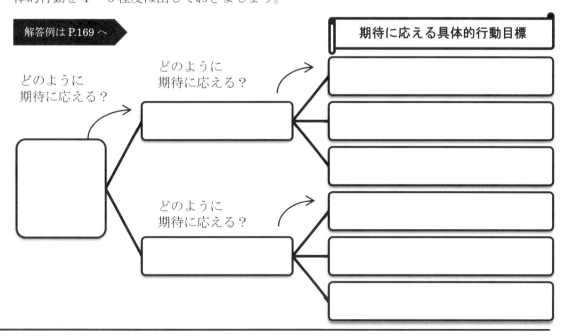

解答例はP.169へ

セルフマネジメントと報告のための論理的構成術

4

◆筋道をたてて組み立てる

期待に応える具体的行動目標が明らかになりました。筋道をたてて考え、全社スピーチで宣言する準備をしましょう。

まず、主題と話す内容を再確認しましょう。

主　　題：	期待に応える新入社員
話す内容：	期待に応える具体的行動目標

次に、ゴールを設定しましょう。

Q. あなたがスピーチをする目的はなんですか？　以下のように考えてみましょう。

例）スピーチを通して、どのような印象をもってもらいたいか？

スピーチを聞いた相手にどのような感情になって欲しいか？

```
ゴール　：



```

最後に、ここまで準備してきたスピーチの材料を組み立てましょう。

＊基本の型　　「3部構成」

序論（導入）：	オープニング
	最初にテーマを明確にし、聞き手の関心を引きつける
本論（主題）：	ボディ
	重要なポイントを強調し、詳しく具体的に話す
結論（結び）：	エンディング
	結論を簡潔にまとめて述べる

準備した材料すべてを盛り込むのではなく、3分という時間の中で最も効果的に伝えられるボリュームを検討しましょう。

＊参考例

＜序論＞

おはようございます。新入社員の○○○○と申します。

本日は、みなさまの期待に応える新入社員になるために３つの宣言をします！

「こいつは期待できそうだ」と思っていただく、これが本日のスピーチの目的です！

＜本論＞

わたくしはやる気があります！でも、やる気さえあれば、期待できそうだと思っていただけるほど甘くないことは知っています。

そこでまず、こいつは期待できそうだと思っていただくために、今の自分にできることは何かを考えました。自分なりに出した結論は、元気がある新人です。

なぜそう思ったのか？

元気がある人がそばにいると、周りも自然と活気づくからです。職場が活気づくとチームメンバーが安心して働ける、すると職場の生産性も向上するということを研修で学びました。まだ知識も技術も足りていない新人のわたくしでも、職場に貢献できることがあると知り、嬉しかったです。今すぐ自分にできることを実行したいと思いました。

そして実際に、元気のある新人と思ってもらうためにどうするか？

わたくしは本日３つの行動目標を宣言します！

ひとつ、自分から挨拶します。ふたつ、明るい声でハキハキ話します。みっつ、笑顔を心がけます。

ひとつめ、挨拶。みなさんに一日も早くわたくしを知っていただきたいです。そのために、自分から挨拶します！

ふたつめ、明るい声で、ハキハキ話す。モゴモゴと小声で話す新人からはやる気が感じられません。声でもやる気を示します！

みっつめ、笑顔。仏頂面の新人がいたら、わたくしならお前は何様だ！と思います。みなさんに信頼してもらえる笑顔を心がけます！

＜結論＞

以上、自分から挨拶、明るくハキハキ話す、笑顔を心がける、の３つを本日から実行します。

わたくしのスピーチ目的「こいつは期待できそうだ、と思っていただく」は達成できたでしょうか？

ぜひ達成度合いをフィードバックしていただけたら嬉しいです！ご指導よろしくお願いいたします！

ポイント）

各論の中身は、第３章で学んだＰＲＥＰ法やＳＤＳ法も参考に組み立ててみましょう。

時間を計って、３分という持ち時間を過不足なく使うボリュームにしましょう。

133 ページの例を参考に、スピーチ原稿を作成しましょう。

＜序論＞

＜本論＞

＜結論＞

セルフマネジメントと報告のための論理的構成術

05 デリバリー技能

1. プレゼンテーション

本書で学んできた集大成として、３分間スピーチを実践してみましょう。
これは、あなたという商品のプレゼンテーションです。

プレゼンテーションの語源は、プレゼントからきていると言われています。
聴き手に対して、あなたの提案をプレゼントするという意味です。今回であれば、あなたという期待に応える新入社員を会社のひとたちにプレゼントする場です。

プレゼンテーションの目的は、聴き手に行動してもらうこと。期待に応える新入社員が来たなと思ってもらいましょう。

◆プレゼンテーションの３要素

中身（コンテンツ）	テーマ、詳細、事例
構造（ストラクチャー）	構成、ストーリー、時間配分
表現方法（デリバリー）	非言語表現

前項で中身と構造は準備完了、残す準備は、表現方法（デリバリー）です。
デリバリー技能＝これまで学んできた非言語表現力ですが、プレゼンテーションではさらに意識したいポイントがあります。

2. デリバリー技能

デリバリーとは、日本語に訳すと「配達する」「届ける」という意味があります。プレゼンテーションの表現方法がデリバリーと呼ばれるのは、発表者のもっている情報や情熱を、聴き手に届ける（プレゼントする）という目的があるからです。
すなわち、プレゼンテーションは相手に届かなければ意味がありません。日常業務における報告や連絡もプレゼンテーションのひとつです。相手に届けられるよう、非言語表現力を磨きましょう。

◆デリバリーの４ポイント

身だしなみ	声	態度	言葉

◇デリバリーポイント　その1）身だしなみ

　あなたのプレゼンテーションを聴くために時間を割いているのに、あなたが準備をしていないように見えたら相手はどう思うでしょう？

　嗜むとは、前もって準備すること。服装や髪形の乱れは、準備不足の印象を与え、それだけで相手の聴く意欲を失わせます。

　時間を割いて聴いてくれる相手に敬意を払い、身を嗜みましょう。

　どのような点に気をつければよいでしょう？

◇デリバリーポイント　その2）声

　聞こえなければ伝わりません。早口では聴きとれません。口の開きが小さいと何を言っているかわかりません。

　どのような点に気をつければよいでしょう？

◇デリバリーポイント　その3）態度

　仏頂面の人の話を聴くために、自分の大切な時間を割こうとは思えません。目をみない人の話は信用できません。猫背で挨拶をする人からやる気は伝わりません。プレゼントをうけとりたいとは思えません。棒立ちのままでは、熱意が伝わりません。過度な身振り手振りは、そちらが気になって話の内容に集中できません。

　どのような点に気をつければよいでしょう？

◇デリバリーポイント　その4）言葉

　誤った言葉遣いは不快です。言葉癖は耳について内容が入ってきません。一文が長いと何を言いたいのか伝わりません。ネガティブな表現は聴いていて気持ちが落ち込みます。

　どのような点に気をつければよいでしょう？

◆プレゼンテーションをしてみよう

　プレゼンテーションの3要素の中で、新入社員であるみなさんにもっとも求められるのはデリバリーの品質です。

　中身や構成は不足があっても、まだ新人だから、とあたたかい目でみてもらえるかもしれません。しかし、デリバリー品質が著しく悪かったらどうでしょう？こんなことすらできないのか？給料をもらって研修に参加しているのに、仕事を果たしていないのか？と、あなたの評価はマイナスからのスタートになってしまいます。

　さあ、本書の学びの集大成です。期待に応えるあなたという商品を会社のみなさんにプレゼントしましょう！

＊リハーサルメモ

＊終了時フィードバックメモ

＊自己評価　　　目的達成度　　　　　％

06 目標設定

自己課題と目標設定

『期待に応える新入社員』になるために、そしてなにより人生の夢や目標に向かってあなた自身が楽しんで社会人生活を送るために、目標を設定し、指標をもって進みましょう。

10年後の自分＜夢・人生の目標＞
10年後、あなたはどんな自分になっていたいですか？ ※発表はしません。実現の可能性は考えず、なりたい自分の姿を率直に書き記しておきましょう。

『期待に応える新入社員』になるために自分に足りていないこと＜自己課題＞
理想の10年後のあなたに向かって、まずは『期待に応える新入社員』を目指しましょう。グループ発表をした『期待に応える新入社員』像で、自分に今足りていない課題を書き出しましょう。 例）社会人にふさわしい言葉遣いの習得　　　　　　　　　　　　　　※発表あり

自己課題の達成プラン＜目標設定＞　※最優先課題ひとつ
自己課題の中でひとつ、最優先で克服したい課題について具体的なプランを記載しましょう。 例）毎朝、出勤前に敬語ワーク（P.29）を3回声に出して読む　　　　　※発表あり   達成期限　　　　　年　　　　月　　　　日

MEMO

第 5 章

参考資料

01 来客応対のマナー

1. ご案内の仕方　～ご案内は安全確保を最優先する～

受　付	訪問者、アポイントの有無を確認する。

☆予めお約束のあるお客様であれば歓迎の意を表する。

「○○様でいらっしゃいますね。

**　　　　お待ち申し上げておりました。」**

行き先を告げる。指を揃え、手のひら側で方向を指し示す。

「応接室へご案内いたします。こちらへどうぞ。」

廊　下	お客様が廊下の中央を歩けるようにお客様の2、 3歩斜め前を、振り返りながら、配慮して歩く。

曲がるときは、手前で声をかける。

「右（左）でございます。」

○
案内人

○
お客様

階　段	上りも、下りも常に案内人が先（先導して安全確保する）。

☆配慮の一言

上りの時は「○階でございます。前を失礼いたします。」

上りも下りも「お足元にお気をつけくださいませ。」

☆常にお客様が自分より高い位置になるようにとの説もある。

お客様が足を踏み外された場合、下からお支えするという安全確保等マナーは諸説あり、相手のために何を考えて行動するかが大切である。

エレベーター	原則として乗り降りともにお客様が先。

☆複数人のお客様の場合は乗る時は自分が先、降りる時はお客様が先。

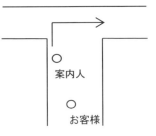

参考！エスカレーター

常にお客様を高い位置にお乗せする
※下からお支えする

上りはお客様が先
下りは声をかけて自分が先
「失礼いたします」

ドアの開閉

《手前開きのドア》

①ドアノブを扉の蝶番側の手で握る。

②後方に下がりながらドアを開ける。

③ノブを握った手と逆の手で室内を示し、お客様に先にご入室いただく。

④お客様に続いて入室する。

《押し開きのドア》

①ドアノブを扉の蝶番側の手で握る。

②ドアを押しながら先に入室する。

③裏側のドアノブを逆手に持ち替え、空いた方の手で室内を示す。

④お客様を室内へ誘導する。

⑤　上座へ誘導する　　「どうぞ奥の方へお進みくださいませ。」

　　⑥一礼して、退室する　　「ただいま〇〇が参ります。少々お待ちくださいませ。」

2．席次

◆応接室

　　上座の条件　　　入口から一番遠い席・ソファ席・眺望のよい席

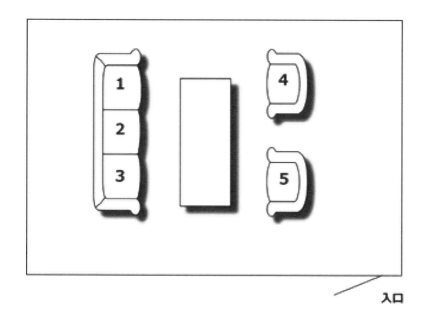

◆社内応接スペース

　　上座の条件　　　事務作業スペースから遠い側

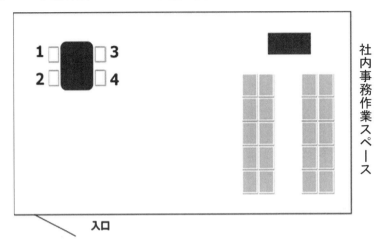

◆会議室

　　上座の条件　　　入り口から遠い側が来客側・中央（議長席）から近い席

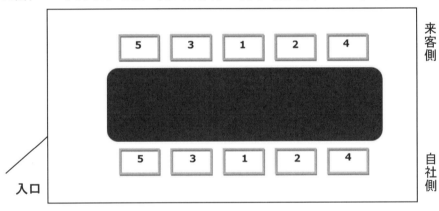

◆エレベーター

　　上座の条件　　　操作盤の前が末席。左右の優先は左が上座、右が下座

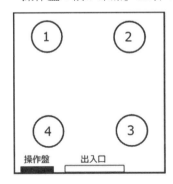

◆タクシー（運転手付きの車）

上座の条件

運転席の後ろが上座。助手席が末席。

◆自家用車（車の持ち主が運転）

上座の条件

助手席が上座。

◆列車

上座の条件

原則： 最優先は進行方向
　　　 次いで、窓側

注）
向かい合わせのボックス席の場合、上
記の両方の条件を満たす1の席の向
い側、進行方向に背を向ける席が2と
なるため配慮の言葉がけをする
「逆向きですが、よろしいですか？」

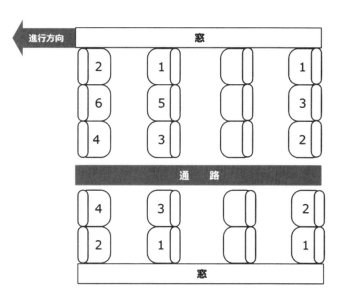

3．茶菓接待

　近年は丁寧に湯呑みに茶を淹れる接待は省略し、簡易コーヒーサーバーで接待する企業、あるいは、茶菓接待自体を省略する企業も増えました。その一方で、女性の社会進出に伴い、かつては女性の仕事とされたお茶出しの仕事を男性が行う場面も多くみられるようになりました。

　接遇の際にお茶出しをする目的は、わざわざ足をお運びくださったことに感謝し、のどを潤し、くつろいでいただきたいという「おもてなしの心」がこめられています。

　また、会議や打ち合わせの時に議論によって乾いたのどを潤すだけでなく、気分転換や、カ

フェインによる脳の活性化効果もあります。

お客様や会議参加者への思いを、正しくお茶を出すという行動で伝えましょう。

1）日本茶を入れる準備
①布巾は清潔なものを用意する
②急須、湯呑みに汚れや欠けがないか確認する

2）日本茶の入れ方
①急須、湯呑みに一度湯をくぐらせ温めておく
②急須の湯を捨て、適量の茶葉をいれる
③湯呑みに注いだお湯を、急須にうつす
　※日本茶は上等な茶葉であればあるほど、低めの温度でじっくり抽出する方法がもっと
　　も美味しく淹れるコツです。
④均等な濃さになるよう、湯呑みすべてに少量ずつまわしいれる
　※量の目安は、湯呑みの 6 〜 7 分目
⑤湯呑みの糸底を乾いた布巾で拭う

⑥茶托と湯呑みを別々にお盆に載せ、乾いた布巾をもって応接室へ運ぶ
　※移動中にお茶がこぼれてしまうことがある。糸底が濡れていると湯呑みに茶托が接着
　　し、危険なため、茶托は応接室に運んだ後にセットする
⑦お盆はからだの正面、両手で持つ

3）日本茶の出し方
①サイドテーブルにお盆を置き、茶托と湯呑みを一客ずつセットする
　※サイドテーブルがない場合は、テーブルの端に置く
　　テーブルにスペースがない場合は、お盆のうえで一客分ずつ茶托と湯
　　呑みをセットする
②茶托を両手で持ち、息がかからないように気をつけて、上座から順に出す
③右側から出す場合は、右手で持ち、左手を添える（左手で出す場合は逆）
④お菓子を出す場合は、お菓子から先に出す（お菓子は左側、お茶は右側）
⑤お盆を外表向きで左脇にかかえ、右手を添えて持ち、退室する

◆湯呑み・茶托の向き

正面が決まっているものは、お客様に正面が向くように気をつけて出す

・絵柄のある湯呑みは絵柄が正面

・内側に絵柄がある場合も絵柄が正面

（絵柄のないもの、総柄のものは正面なし）

・木目のある茶托はお客様から見て木目が横向き

・絵柄がある場合は、絵柄がきれいに見える向き

（漆塗りなどで木目、絵柄のないものは正面なし）

◆コーヒーカップの向き

正面が決まっているものは、お客様に正面が向くように気をつけて出す

・絵柄のあるカップは絵柄が正面

・内側に絵柄がある場合も絵柄が正面

注）絵柄のないもの、無地のものは…

取っ手が左側にくるように置く　→　**イギリス式**

右手で砂糖やミルクを入れる際、左手でカップを押さえられるので、取っ手が左。

取っ手が右側にくるように置く　→　**アメリカ式**

合理性重視、かつブラック飲用が多いため、そのまますぐ飲めるよう取っ手が右。

日本のホテルなどでは、イギリス式を採用しているところが多いようです。

それぞれの意図を理解し、お客様に合わせて、どちらを選択するかを決めてもよいでしょう。

例えば、来客にミルクや砂糖を使われる方が多いならイギリス式で、ブラック飲用の方が多いならアメリカ式で出す、など相手主体の思考でマナーを実践しましょう。

02 酒席のマナー

業務時間外の宴席

　業務時間外のお酒の席、宴席は義務ではありませんが、日本のビジネス文化において、職場外で美味しい食事を共にし、心安らぐ時間の中でコミュニケーションをとる＝人間関係を円滑にする目的で設けられる機会です。

　また、お客様との宴席は取引や協働を円滑に進めるためにコミュニケーションをはかる目的があります。常に見られているという意識を持ちましょう。

◆酒席のマナー
・乾杯は両手で（右手でグラスを持ち、左手を添える）
・グラスを合わせるときは、目上の方より自分のグラスが下方になるようにする

　　乾杯を行う最初の 1 杯は、周囲の方々と同じにしましょう。
　　乾杯は宴席の開始にあたります。
　　素早く乾杯ができるように気遣いをすることがマナーです。

　　基本は瓶ビール。店側がすぐ出せるので、素早く宴席を開始できます。
　　アルコールが飲めない場合も、乾杯だけ一緒に行い（口をつけるふりをして）乾杯後にノンアルコールドリンクを頼むようにしましょう。
　　あなたが未成年の場合は、瓶のソフトドリンクなど、瓶ビールと一緒に素早く出していただけるものを選びましょう。

・頃合いを見計らって、新しい瓶ビールを片手に持ち挨拶回りをする
・お酌する場合は、ラベルを上に向けて注ぐ
・周りの方のグラスが空いている場合は、一言お声をかけて、進んでお酌をする
・お酌をしていただく場合は、グラスを両手でもつ
・アルコールが飲めない場合は、「不調法なもので申し訳ございません」等、場の雰囲気を壊さないようスマートにお断りする
・入り口近くに座り、注文係をかってでる等、参加者が楽しい時間を過ごせるよう気を配る
・翌日の朝一番に、上司や参加者に「昨夜はありがとうございました」とお礼を言う
・社外の方との宴席の場合は、電話、メール、手紙等の手段で翌日すぐにお礼をする

相手の携帯電話メールアドレスを知っている場合は、帰宅途中にいち早くお礼のメールを送るとよいでしょう。

参考資料

第1章　8．言葉遣い（練習問題1）　解答（P.26参照）

用語	敬語		
	尊敬語	謙譲語	丁寧語
いる	いらっしゃる	おる	います
する	なさる	いたす	します
行く	いらっしゃる	参る 伺う	行きます
来る	いらっしゃる お見えになる お越しになる	参る 伺う	来ます
言う	おっしゃる	申す 申し上げる	言います
見る	ご覧になる	拝見する	見ます
聞く （聴く）	お聞きになる	伺う （拝聴する）	聞きます
食べる	召し上がる	いただく	食べます

第1章　9．言葉遣い（練習問題2）　解答（P.27参照）

用語	敬語（ビジネスにふさわしい言葉）
わたし、ぼく	わたくし
わたしの会社	わたくしども、当社、弊社
来客に対しての呼びかけ	いらっしゃいませ
男の人、女の人	男性の方、女性の方（ご婦人）
年寄りの人、老人	ご年配の方
きょう	本日（ほんじつ）
あした	明日（みょうにち）
あさって	明後日（みょうごにち）
きのう	昨日（さくじつ）
おととい	一昨日（いっさくじつ）
わかりました	かしこまりました、承知しました、承りました
そうです	さようです、さようでございます
こっち、そっち、あっち、どっち これ、それ、あれ、それ、どれ	こちら、そちら、あちら、どちら

5

参考資料

第1章　１０．言葉遣い（練習問題３）　解答（P.28参照）

用語	敬語（ビジネスにふさわしい言葉）
どうしましょうか？	いかがいたしましょうか？ どのようにいたしましょうか？
～してくれませんか？	（恐れ入りますが）～していただけますか？
できません	（申し訳ございませんが）そちらはいたしかねます
ありません	（あいにく）ただいまご用意いたしかねます 　　　　　　ただいま取り扱いがございません
あなたは誰ですか？	（失礼ですが）どちら様でいらっしゃいますか？
～さんですか？	（失礼ですが）～様でいらっしゃいますか？
何の用ですか？	（恐れ入りますが）どのようなご用件でしょうか？
ちょっと待ってください	（申し訳ございませんが） 少々お待ちいただけますでしょうか？
今、席にいません	（申し訳ございませんが） ただいま席を外しております
言っておきます	申し伝えます
もう一度言ってください	（恐れ入りますが） もう一度おっしゃっていただけますでしょうか

＜上司・先輩に対して＞
①すみません、いま忙しいので後にしてください。
　　申し訳ございません。ただいま～のため、承りかねます。（お受けできません。）後ほど
　　でもよろしいでしょうか？
②机の上のメモ、見てくれましたか？
　　恐れ入りますが、机の上のメモはご覧いただけましたでしょうか？

③これでどうですか？
　　恐れ入りますが、こちらでいかがでしょうか？

④（呼ばれたときに）えっ、なんですか。
　　はい、お呼びでしょうか？
　　はい、どのようなご用件でしょうか？
⑤そのことなら、私が知っています。
　　そちらの件でしたら、私が存じております。

⑥わかりました。案内します。
　　かしこまりました。～へご案内いたします。

⑦（課長に）部長が来るように言っていました。
　　恐れながら、部長がお呼びになっています。（お呼びでした。）

⑧（部長に）課長は、３時頃出かけると言っていました。
　　恐れながら、課長は３時頃外出するとおっしゃっていました。
　　　　　　　　課長は３時頃外出すると伺っております。
⑨ねえ、これ教えて。
　　恐れ入りますが、こちらについて教えていただけますでしょうか。
　　　　　　　　　こちらについて伺ってもよろしいでしょうか。
⑩（部長に）これを渡すように、課長が言っていました。
　　恐れながら、こちらをお渡しするように課長がおっしゃっていました。
　　　　　　　　こちらをお渡しするように課長より言付かりました。

5

参考資料

153

■ 解答（P.6〜7参照）

会社とは？

（1）みなさんが入社する会社という場所は、何を目的に存在する組織体なのでしょうか？

①利潤の追求　＝（　　　**利益**　　　）を上げること

②企業活動を通じての（　　　**社会貢献**　　　）

（3）組織人としての心構え　　〜7つの意識〜

①　　　**顧客**　　　意識

・顧客の期待に応える（顧客優先、迅速な行動、正確な情報、顧客満足度向上）

②　　　**協働**　　　意識

・組織の一員であることを自覚し、協働して仕事を遂行する（チームワーク）、社内規定順守

③　　　**改善**　　　意識

・常に創意工夫をして仕事を進める（より早く、正確に、安全に、安く、効率よく etc.）

④　　　**コスト**　　　意識

・経費節約、備品管理、業務時間管理

⑤　　　**目的**　　　意識

・常に仕事の目的を意識する（何を、どのようにやるのかを明確に）

⑥　　　**納期**　　　意識

・仕事の期限を常に意識する（いつまでにやるのか、計画を立てて取り組む）

⑦　　　**管理**　　　意識

・機密保持（環境整備）、自己管理（健康管理、勤怠管理）

■ 解答（P.13 参照）

	あなたの予想	統計結果

◆見た目の情報（視覚的要因）
　表情・身だしなみ・姿勢・態度　　　＿＿＿＿＿＿％　　　＿＿５５＿＿＿％

◆音声情報（聴覚的要因）
　声のトーン・声の大きさ　　　　　　＿＿＿＿＿＿％　　　＿＿３８＿＿＿％

◆言葉（言語的要因）
　話す内容　　　　　　　　　　　　　＿＿＿＿＿＿％　　　＿＿＿７＿＿＿％

（メラビアンの法則）

■ 解答（P.17 参照）

（1）挨拶と返事

挨拶という言葉には、心を開き、相手に迫るという意味が込められています。

人から言われるのではなく、自ら進んで「挨拶」と「返事」をしましょう。

　　ポイント　　　①挨拶と返事は自ら進んで＿＿＿＿＿**先手必勝**＿＿＿＿＿

■ 解答（P.20 参照）

尊敬語

相手の動作、状態、持ち物、第三者等を高めて敬意を表す言葉

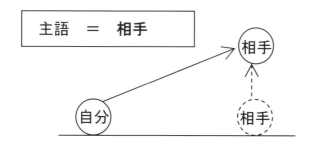

主語　＝　相手

自分　→　相手　←‥‥‥相手

謙譲語

自分（あるいは身内や自社の人）が　謙（へりくだ）ることによって、敬意を表す言葉

主語　＝　自分、自分の側（自社の人、身内）

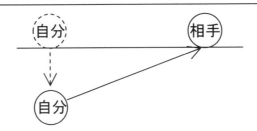

■ 解答（P.25 参照）

相手に何か言いにくいことを伝えたり、お願いしたりするとき
クッション言葉＋依頼形

例）好ましくない表現「お待ちください」

クッション言葉

恐れ入りますが

＋

依頼形

少々お待ちいただけますでしょうか

相手のリクエスト（ご要望）にそえないとき
３STEP話法　　　お詫び＋状況説明＋提案

例）好ましくない表現「佐藤は席にいません」

STEP1　お詫び

申し訳ございません

STEP2　状況説明（肯定形）

（あいにく）佐藤はただいま席を外しております

STEP3　提案（もしくは相手の意向）

（よろしければ）戻りましたら、こちらからお電話いたしましょうか？

■ 解答（P.32 参照）

名刺は | **その人自身（その人の分身）** | である

大切に、丁重に取り扱いましょう！

■ 解答（P.37 参照）

態　度

① 背すじを伸ばして、顔をあげる

② 笑顔で'笑声'

③ 　左 or 右　手受話器、　右 or 左　手ペン ◀

回答は利き手によって異なります
利き手の逆 に受話器
利き手 にペン
となります。

■ 解答（P.38 参照）

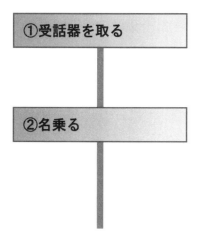

①受話器を取る

②名乗る

ベルが鳴ったら　**2**　コール以内に出る

利き手の逆の 手に受話器、　**利き** 手にペン

例）右利きの場合 **左** 手に受話器、 **右** 手にペン

「はい

　　　　　　　　 ご自身の会社名をお書きください 　　　　の
　　　　　　　　　　　（会社名）

　　　ご自身のお名前 　　でございます。」
　　　　　　（名前）

■ 解答（P.47 参照）

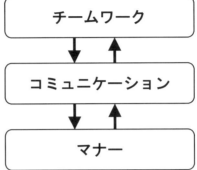

様々な人々		目的達成

様々な人々

年齢、性別、国籍
役割、立場
考え方、価値観
生活環境
家族構成

などが異なる

目的達成に必要なのは

チームワーク

↕

コミュニケーション

↕

マナー

共有するための
すべてが
コミュニケーション

■ 解答（P.51 参照）

命令の受け方

① 呼ばれたら「はい」と返事をする

　　仕事をしている途中でも、明るく返事をする
　　（イヤだな、面倒だな、という感情は決して表情や声に出さない）

② 速やかに上司の席に行き、「失礼いたします」と声をかける

　　何を持っていく？　「　　**メモ**　　」と「　　**ペン**　　」
　　キビキビとした態度で、上司の斜め前に立つ

　　　　留意点　　・離席するときは、書類などは閉じ、軽く片付ける
　　　　　　　　　・椅子は必ず、机にしまう

③ 指示・命令の内容はメモを取りながら、要点を正確につかむ（5W3H）

メモをとり、相づちや返事をしながら、話を遮らずに最後まで聞く

どんな仕事でも必ず確認しなければならないのは？「＿＿＿＿納期＿＿＿＿」

 留意点

・要点をメモする

・質問や不明点は、最後にまとめて確認する

・先入観を持ってきかない

④ 要点を復唱し、指示内容を確認する

「復唱いたします。　・・・で、よろしいでしょうか」と要点を復唱確認する

留意点

・疑問点や不明点は理解できるまで必ず確認する

・複数の仕事が重なっているときは「＿＿優先順位＿＿」
　を確認する

■ 解答例（P.53 参照）

どのように指示を受ければよいでしょうか？グループで話し合ってみましょう。

> お題の例）「この資料のコピーを取って」
>
> ※お題は任意でご決定ください。
>
> ※グループで話し合ったことや、ご自身の考えをお書きください。

発表を見て、良かった点と改善点を書き出してみましょう。

> ＜考えるポイント＞
>
> ・何をどのようにすればよいか？
>
> ・どのような情報が必要か？
>
> ・どのように上司に尋ねるか？
>
> ■良かった点
>
> コピーを取る部数など具体的な質問が挙げられていれば、良かった点といえるでしょう。
>
> ■改善点
>
> 「何も質問せずに実行することは避ける」ように改善点を考えましょう。

5

参考資料

159

■ 解答例（P.56参照）

どのように報告を行えばよいでしょうか？グループで話し合ってみましょう。

※グループで話し合ったことや、ご自身の考えをお書きください。

発表を見て、良かった点と改善点を書き出してみましょう。

■良かった点

■改善点
＜良かった点、改善点をみる上でのポイント＞
「報告のタイミング」を考えているか、「自己判断」をしていないか、グループで話し合った場合は新たな気づきがあったか？を確認してください。

■ 解答例（P.61参照）

1. 指示を受けた仕事が予定より早く終わりそうな場合は、遅れるわけではないので報告をする必要はない。

×	理由） ■理由の一例 ・仕事は報告して初めて完了する。報告がなければ仕事の完了とはみなされない。報告のない仕事はない。 ・このケースでは、速やかに報告をすることで上司は次の指示を出せる。 ・仕事の取組み速度は自分の評価にも繋がる。

2. 報告をする場合は、どのような経緯で結論に至ったかがわかるように、時間の流れに沿って説明するのが望ましい。

×	理由） ■理由の一例 ・報告は結論、理由、経過説明、再度結論の順で伝える。 ・結論が最後になると何が言いたいかがわからないまま話し終えるまで待たなければならない。 ・先に結論を言えば、上司は話を聞きながら次の手を考えることもでき、忙しい上司の時間の節約にもなる。

3. 先輩から頼まれた仕事の最中に、課長から急ぎの用事を依頼されたので、課長の用事を優

先させた。そのため先輩から頼まれた仕事は最後までできなかったが仕方がない。

×	理由)
	■理由の一例
	・納期は遅延する見込みが立ったときに指示者に相談すべきである。
	・このケースでは、課長に急ぎの用事を依頼された時点で先輩にその旨を相談すべきである。

4．課長から依頼された仕事が終わったので報告をしようとしたら、課長が席を外していたので部長に報告した。

×	理由)
	■理由の一例
	・報告は指示者にすべきである。
	・例え上位者であっても、部長に報告するのは間違い。

■ 解答（P.64参照）

② わかりやすく書く

- サイズを統一する　　※基本サイズは　　（　　**A4**　　）（　　**横書き**　　）
- 閉じ位置を統一する　※基本は　　　　　（　　**左上**　　）
- 読みにくい漢字は使用しない
- わかりにくい言い回しをしない

■ 解答（P.65参照）

宛先	敬称
会社（団体・組織）宛て ※部署宛ての場合も同様	＜例＞ 株式会社ＡＢＣ　　　**御中**
会社（団体・組織）＋個人名宛て ※部署名や役職名がついても同様	＜例＞ 株式会社ＡＢＣ 人事部長　山田太郎　　　**様**
複数の法人や個人宛て	＜例＞ お取引先　　**各位**　　／社員　**各位**

■ 解答（P.77 参照）

◆出欠返信＜ハガキ＞　※以下のハガキを使って返信してください。

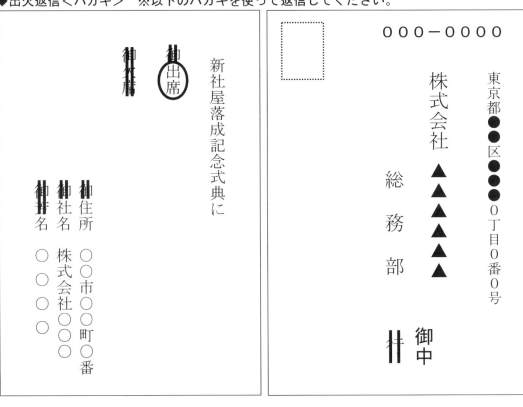

■ 解答（P.81-82 参照）

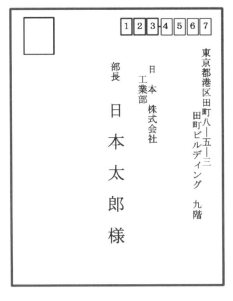

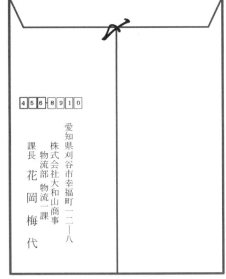

■ 解答例（P.86 参照）

こんなときどうする？

この対応、あなたはどう思う？

Q. 通勤電車が事故で止まった。車内で通話ができないのでメールで上司に遅刻連絡をした。

業務用アドレス宛てであれば、状況報告をするのは可。

ただし、下車後速やかに電話連絡をする。

不可抗力の事態ではあるが、遅刻により周りの人に迷惑をかけることについて謝罪する。

Q. 送信トラブルに備えて、開封確認メッセージをつけてメールを送信している。

開封確認は送る目的が「自己都合」であり

相手は行動を監視され、拘束されているような不快感を覚える場合があるので原則使用しない。

Q. お客様からのメールにフェイスマークがついていたので、こちらもつけた。

相手との信頼関係や距離感で判断する。どのように応じるのが相手にとってよいかを考える。

メールは電話でのコミュニケーションの距離感を参考に考えるとよいと言われる。

親しく話し合える距離感であれば、呼応するのもコミュニケーションである。

■ 解答例（P.94 参照）

Q. 考えてみましょう！

ノンバーバルコミュニケーションとは、具体的にはどのようなものでしょうか？

これまで学んだことを思い出しながら

「身体動作」「身体の特徴」の非言語表現の種類を書き出してみましょう。

身体動作	**姿勢、表情、視線、瞬目、瞳孔反応、体の動きなど**
身体の特徴	**スタイル、皮膚の色、体臭、容貌など**

■ 解答例（P.97 参照）

■きく　とは？（聞く、聴く、訊くの違い）

「聞く」① 音・声を耳に受ける。耳に感じ取る。

② 話を情報として受け入れる。

③ 人の意見・要求などを了承し、受け入れる。

「聴く」① 心を落ち着け注意して耳に入れる。

② 自らきく気になって、念を入れて詳しくきく

③ 感覚を働かせて識別する

「訊く」① たずねる

② 問いただす

③ とがめたずねる

■ 解答（P.112 参照）

・言葉以外の非言語的要素で___93___％決まる　　（＊2）

見た目 55％＋音声情報 38％＝___93___％　　（言語 7％）

■ 解答例（P.117 参照）

Q. 他責思考の例を自責思考で捉えなおしてみましょう

1）ミスをした。サポートをしてくれなかった上司が悪いのだから仕方がない。

（解答例：ミスをした。繰り返さないためには、何に気をつければいいだろう？）

2）時間内に業務が終わらなかった。新人なのだからできなくても当然だ。

（解答例：時間内に終わらなかった。どこか改善できるポイントはないだろうか？）

3）渋滞で遅刻をした。自分のせいではない。

解答例：渋滞が起こる可能性があることを想定しておくべきだった。
いい学びになったので、今後は想定して行動しよう。

4）部門の目標が達成されなかった。新人の自分には関係ない。

解答例：部門の目標達成のために、新人の自分が貢献できることはなんだろう？　自分が早く仕事を覚えることで、教えてもらう時間を減らし、上司や先輩の時間を無駄にしないようにしよう。

■ 解答 (P.118 参照)

> Q. 当事者意識で考えてみましょう
>
> 「明日の会議の議事録作成をお願いします」と指示を受けました。なにをしますか？
>
> **事前に確認すべきことの例)**
>
> ・議題、出席者
>
> ・記録の目的（議事録は作成後、共有するのか？記録保管だけか？共有する場合、部長まで見るのか？課内メンバーだけなのか、誰が閲覧するのか？）
>
> ・フォーマット
>
> ・会議様式（投影機材有無、ホワイトボード有無、オンラインかオフラインか等、記録媒体があるのかなど）

■ 解答例 (P.119 参照)

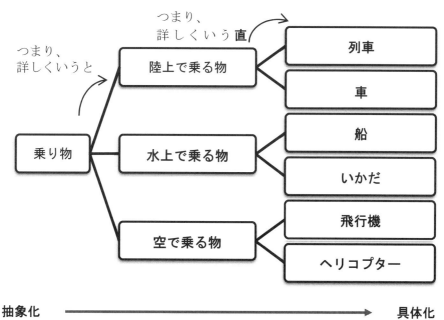

■ 解答例（P.120 参照）

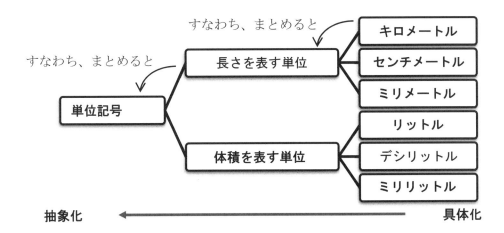

■ 解答例（P.122 参照）

　115ページに書き出した自己課題のうち、ひとつを選び、原因と解決方法をツリー図にして、具体化しながら辿ってみましょう。

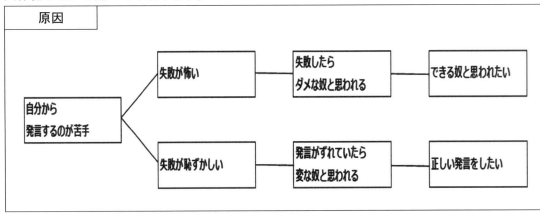

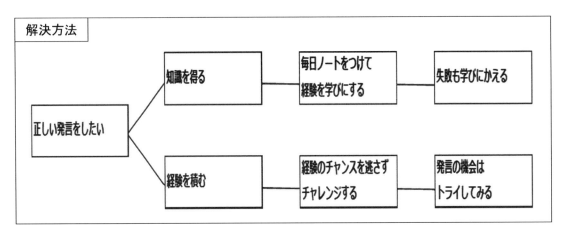

■ 解答例（P.126 参照）

「リフレーミング」をしてみましょう！

1）優柔不断な上司
（　様々な観点を考慮し、あらゆる選択肢を考えられる上司　）

2）意思が弱い先輩
（　状況に応じて思考を変えることができる柔軟性が高い先輩　）

3）細々といつも口を出してくるリーダー
（　リーダーはわたしに期待をよせてくれていていつも細やかに指導してくれる　）

4）主任に厳しく叱られてしまった…
（　情熱的で熱い主任の期待が高い！厳しく言われたが我慢した自分をほめよう　）

5）定時になるのにまだここまでしかできていない…
（　ここまではできたな！よくがんばったな！あとどのくらいの時間が必要だろう　）

■ 解答例（P.128 参照）

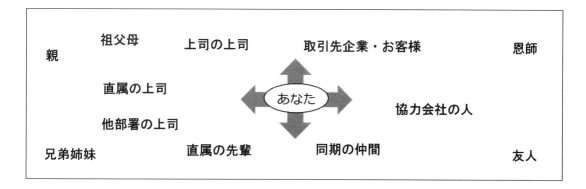

■ 解答例（P.130 参照）

　129 ページの例を参考に、さまざまな人たちからの複数の期待の中で共通して求められていることは何か？　集約ラベル＝課題を見つけましょう。

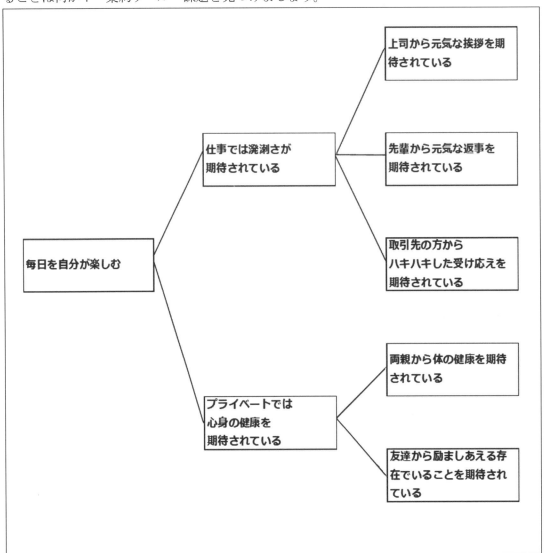

■ 解答例（P. 131 参照）

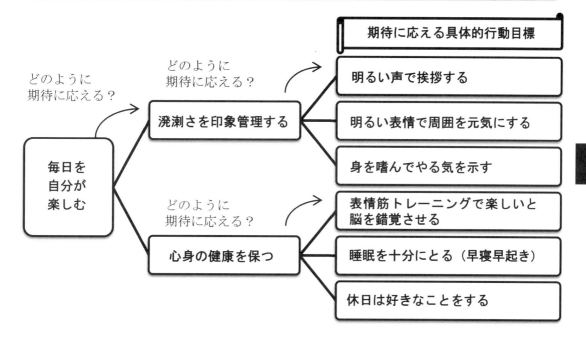

著者紹介

水谷　梨恵（みずたに　りえ）

株式会社M・Tコンサルティング　代表取締役

1977年　愛知県生まれ。人材育成・教育体系構築・組織開発が専門。人のマネジメントで苦しんだ自身の経験も元に、業種を問わず、マネジメントノウハウを提供している。心はクライアントの一員として、頭は第三者視点を持った問題解決・成長支援のプロとして大企業から中小企業まで経営顧問として活躍。

職業訓練法人Ｈ＆Ａ　職業能力基礎講習

2021年4月1日　　初版発行
2023年4月1日　　第三版発行

著　者　水谷　梨恵

発行所　　職業訓練法人Ｈ＆Ａ
〒472-0023　愛知県知立市西町妻向14-1
TEL 0566(70)7766
FAX 0566(70)7765

発　売　　株式会社　三恵社
〒462-0056　愛知県名古屋市北区中丸町2-24-1
TEL 052(915)5211
FAX 052(915)5019
URL http://www.sankeisha.com

乱丁・落丁の場合はお取替えいたします。
ISBN978-4-86693-428-0